Ruhige Erziehung: Ein Leitfaden zur Wutbewältigung für Mütter und Väter

Förderung von Harmonie inmitten der Elternschaft

Lisa Muller

Inhaltsverzeichnis

EINLEITUNG

Willkommen bei "Ruhige Elternschaft: Ein Leitfaden zur Wutbewältigung für Mütter und Väter - Förderung von Harmonie inmitten der Elternschaft". Elternschaft ist eine lohnende Reise voller Liebe, Freude und Wachstum, aber sie bringt auch einige Herausforderungen mit sich. Während Mütter und Väter sich auf dem komplizierten Terrain der Kindererziehung zurechtfinden, wird der Umgang mit Emotionen entscheidend für die Förderung eines harmonischen Familienumfelds. Dieses E-Book ist ein umfassender Leitfaden, der Eltern hilft, Ruhe zu kultivieren und durch die oft turbulenten Gewässer der Wutbewältigung zu navigieren.

Eltern zu sein ist eine lebensverändernde und bedeutsame Erfahrung, geprägt von Momenten des Triumphs und gelegentlicher Frustration. Während die Liebe zu unseren Kindern grenzenlos ist, können die Stressoren und Anforderungen der Elternschaft manchmal zum Ausdruck von Wut führen. Diese Wut anzuerkennen und anzusprechen, ist von entscheidender Bedeutung, um ein fürsorgliches und friedliches Zuhause für Eltern und Kinder zu schaffen.

"Ruhige Elternschaft " ist als unterstützende Ressource konzipiert und bietet praktische Strategien, Einsichten und Übungen, um Müttern und Vätern dabei zu helfen, ihre Wut zu verstehen, zu bewältigen und zu transformieren. Wir befassen uns mit den Ursachen des elterlichen Ärgers und bieten einen Fahrplan für Selbstreflexion und persönliches Wachstum. Durch die Erkundung verschiedener Techniken zur Wutbewältigung werden die Leser effektive Wege entdecken, um mit Geduld, Empathie und Resilienz auf herausfordernde Situationen zu reagieren.

Dieses E-Book geht über schnelle Lösungen hinaus und zielt darauf ab, Eltern mit langfristigen Strategien zur Aufrechterhaltung des emotionalen Gleichgewichts zu befähigen. Von Achtsamkeitsübungen bis hin zu Kommunikationsfähigkeiten ist jedes Kapitel sorgfältig gestaltet, um Eltern auf ihrem Weg zu einer ruhigen und fürsorglichen Familiendynamik zu begleiten. Ziel ist es, ein Umfeld zu schaffen, in dem sich sowohl Eltern als auch Kinder entfalten und dauerhafte Verbindungen und wertvolle Erinnerungen aufbauen können.

Wenn wir uns auf diese Erkundung der ruhigen Elternschaft einlassen, sollten wir uns die transformative Kraft der Selbsterkenntnis und bewusster Entscheidungen zu eigen machen. Durch die Kultivierung emotionaler Widerstandsfähigkeit und die Einführung gesunder Bewältigungsmechanismen können Eltern zu einem Zuhause beitragen, das von Verständnis, Mitgefühl und vor allem Ruhe geprägt ist. Willkommen zu einer Reise der Selbstfindung und des Wachstums – willkommen bei "Ruhige Elternschaft ".

KAPITEL I

Den elterlichen Zorn verstehen

Die Ursprünge des elterlichen Zorns

Elternschaft, eine tiefgreifende Reise, die von Freude, Wachstum und Liebe geprägt ist, umfasst auch viele Herausforderungen, die starke Emotionen hervorrufen können. Unter diesen Emotionen tritt Wut oft als mächtige Kraft hervor, die sich auf die Eltern-Kind-Dynamik und das familiäre Umfeld auswirkt. Die Ursprünge der elterlichen Wut zu verstehen, ist ein entscheidender Schritt zur Förderung gesunder emotionaler Landschaften in Familien. Dieser Abschnitt befasst sich mit den komplexen Wurzeln der elterlichen Empörung und untersucht gesellschaftliche Einflüsse, persönliche Auslöser und die Auswirkungen von Stressoren auf das emotionale Wohlbefinden von Müttern und Vätern.

Im Kern der elterlichen Wut liegt ein Zusammenfluss von gesellschaftlichen Erwartungen, kulturellen Normen und individuellen Erfahrungen, die die Art und Weise prägen, wie Eltern sich auf dem anspruchsvollen Terrain der Kindererziehung zurechtfinden. Der gesellschaftliche Druck, sich an idealisierte Erziehungsstandards zu halten, kann ein Umfeld schaffen, in dem sich Eltern beurteilt und hinterfragt fühlen, was zu einem erhöhten Stressniveau führt. Die Angst, diese Erwartungen, ob real oder vermeintlich, nicht zu erfüllen, kann zu Gefühlen der Frustration und Unzulänglichkeit beitragen und die Voraussetzungen für das Aufkommen von Wut als Bewältigungsmechanismus schaffen.

Kulturelle Normen und historische Erziehungspraktiken spielen ebenfalls eine wichtige Rolle bei der Gestaltung der elterlichen Wut. In einigen Kulturen kann es implizite Erwartungen in Bezug auf elterliche Autorität und Disziplin geben, die beeinflussen können, wie Eltern Wut ausdrücken und wahrnehmen. Das Verständnis des kulturellen Kontexts ist von entscheidender Bedeutung, um das komplexe Geflecht von Emotionen innerhalb von Familien zu entwirren, da es eine nuancierte Untersuchung ermöglicht, wie gesellschaftliche und kulturelle Faktoren zu den Ursprüngen der elterlichen Wut beitragen.

Individuelle Erfahrungen, einschließlich der eigenen Erziehung und Kindheit, haben einen tiefgreifenden Einfluss darauf, wie Eltern sich in der emotionalen Landschaft der Elternschaft zurechtfinden. Diejenigen, die harte Disziplin erlebt haben oder denen es an positiven Vorbildern mangelt, können sich mit ungelösten Emotionen auseinandersetzen, die als Wut auftauchen, wenn sie mit den Herausforderungen der Elternschaft konfrontiert werden. Auf der anderen Seite können Personen mit unterstützendem und fürsorglichem Hintergrund aus positiven Erfahrungen schöpfen und ihre Herangehensweise an die Elternschaft konstruktiver gestalten. Die Erforschung dieser persönlichen Geschichten ist entscheidend, um zu verstehen, wie vergangene Erfahrungen die emotionalen Reaktionen der Eltern beeinflussen.

Die täglichen Stressoren und Anforderungen des modernen Lebens tragen wesentlich zu den Ursprüngen des elterlichen Zorns bei. Das Ausbalancieren von beruflichen Pflichten, finanziellem Druck und den unzähligen Aufgaben, die mit der Pflege verbunden sind, kann für Eltern ein stressiges Umfeld schaffen. In diesem Zusammenhang kann Wut als emotionale Befreiung dienen – eine Reaktion auf den überwältigenden Druck und eine Manifestation des Kampfes, angesichts ständiger Anforderungen das Gleichgewicht zu halten. Das Erkennen und Ansprechen dieser externen Stressoren ist entscheidend für die Entwicklung von Strategien zur effektiven Bewältigung von Wut.

Der Ärger der Eltern überschneidet sich oft mit den Herausforderungen der Kommunikation innerhalb der Familie. Die Unfähigkeit, Emotionen offen und konstruktiv auszudrücken, kann zur Unterdrückung von Wut führen, die später auf unerwartete und intensive Weise wieder auftauchen kann. Umgekehrt kann das Fehlen effektiver Kommunikationskanäle zwischen Eltern und Kindern zu Missverständnissen beitragen und die Frustration und Wut der Eltern verschlimmern. Das Erforschen gesunder Kommunikationsmuster und die Förderung eines offenen Dialogs innerhalb der Familie sind unerlässlich, um den Kreislauf der Wut zu durchbrechen und ein unterstützenderes emotionales Umfeld zu schaffen.

Darüber hinaus können die Erwartungen, die Eltern an sich selbst stellen, eine erhebliche Quelle des Ärgers sein, wenn sie nicht erfüllt werden. Das Streben nach Perfektion oder der Versuch, unrealistische Ideale zu erfüllen, kann zu selbst auferlegtem Stress und Frustration führen. Zu akzeptieren, dass Unvollkommenheit ein natürlicher Teil der Elternschaft ist, und Selbstmitgefühl zu akzeptieren, ermöglicht es Eltern, Herausforderungen mit einem größeren Gefühl der Widerstandsfähigkeit und des Verständnisses zu bewältigen und das Potenzial für Wut zu mindern.

Die Rolle externer Einflüsse, wie z. B. mediale Darstellungen von Elternschaft und gesellschaftliche Narrative, sollte bei der Untersuchung der Ursprünge der elterlichen Wut berücksichtigt werden. In den Medien werden oft unrealistische Darstellungen idealisierter Elternschaft aufrechterhalten und unrealistische Erwartungen geweckt, die zu Gefühlen der Unzulänglichkeit und Frustration bei den Eltern beitragen. Gesellschaftliche Narrative, die Wut mit Durchsetzungsvermögen oder Kontrolle gleichsetzen, können auch das elterliche Verhalten beeinflussen und die Art und Weise beeinflussen, wie Eltern ihre Emotionen innerhalb der Familiendynamik ausdrücken und wahrnehmen.

Zusammenfassend lässt sich sagen, dass die Ursprünge der elterlichen Wut vielschichtig sind und gesellschaftliche Erwartungen, kulturelle Einflüsse, persönliche Erfahrungen und die Auswirkungen täglicher Stressoren umfassen. Durch die Entschlüsselung des komplexen Zusammenspiels dieser Faktoren können Eltern wertvolle Einblicke in die Wurzeln ihrer Wut gewinnen und ein tieferes Verständnis ihrer emotionalen Landschaft fördern. Das Erkennen der gesellschaftlichen, kulturellen und individuellen Dimensionen der elterlichen Wut ermöglicht einen ganzheitlicheren Ansatz für die Wutbewältigung, der Eltern befähigt, die Herausforderungen der Elternschaft mit Resilienz, Empathie und dem Engagement für die Förderung eines gesünderen emotionalen Umfelds in ihren Familien zu meistern.

Auswirkungen auf Eltern-Kind-Beziehungen

Elterliche Wut, eine komplexe und oft herausfordernde Emotion, kann die Eltern-Kind-Beziehung tiefgreifend beeinflussen und die Familiendynamik prägen. Die Auswirkungen des elterlichen Zorns auf diese wichtigen Beziehungen zu verstehen, ist wichtig, um gesunde emotionale Bindungen zu fördern und ein unterstützendes familiäres Umfeld zu fördern. Dieser Abschnitt untersucht die vielfältigen Auswirkungen der elterlichen Wut auf die Eltern-Kind-Beziehungen und befasst sich mit den emotionalen, psychologischen und langfristigen Auswirkungen, die sich durch das Gefüge des Familienlebens ziehen können.

Im Kern ist die elterliche Wut ein starkes emotionales Signal innerhalb der Eltern-Kind-Beziehung. Als scharfe Beobachter des Verhaltens ihrer Eltern sind Kinder sehr sensibel für die Nuancen des emotionalen Ausdrucks. Wenn Eltern ihre Wut durch verbale Ausbrüche oder nonverbale Signale zum Ausdruck bringen, verinnerlichen Kinder diese Signale und interpretieren sie oft als Indikatoren für Missbilligung, Ablehnung oder Angst. Die Auswirkungen auf das emotionale Wohlbefinden von Kindern können erheblich sein und zu Gefühlen der

Unsicherheit, Angst und einem verzerrten Selbstwertgefühl beitragen.

Der emotionale Tribut der elterlichen Wut geht über die unmittelbare Reaktion auf die Wut selbst hinaus. Kinder können die Botschaft verinnerlichen, dass sie die Ursache für den Zorn ihrer Eltern sind, was zu Schuldgefühlen oder Unzulänglichkeit führt. Die Angst vor dem Ärger der Eltern kann zu erhöhter Wachsamkeit führen und die Fähigkeit des Kindes hemmen, sich offen auszudrücken oder altersgerechte Risiken einzugehen. Im Laufe der Zeit können diese emotionalen Reaktionen die Selbstwahrnehmung des Kindes prägen und seine allgemeine emotionale Widerstandsfähigkeit beeinflussen.

Die psychologischen Auswirkungen der elterlichen Wut auf Kinder sind eng mit der Bildung von Bindungsmustern und der Entwicklung von emotionalen Regulationsfähigkeiten verbunden. Eine sichere Bindung, geprägt von Vertrauen und emotionaler Sicherheit, ist entscheidend für eine gesunde Entwicklung des Kindes. Wiederholter elterlicher Ärger kann jedoch die Bildung bestimmter Bindungen stören, was möglicherweise zu unsicheren Bindungsstilen führt. Kinder können ängstliche oder vermeidende Bindungsmuster entwickeln, die ihre Fähigkeit beeinflussen, gesunde Beziehungen aufzubauen und mit emotionalen Schwierigkeiten umzugehen, wenn sie älter werden.

Elterlicher Ärger kann auch die emotionalen Regulationsfähigkeiten des Kindes beeinflussen. Kinder beobachten und eifern ihren Eltern nach, um zu lernen, wie sie ihre Emotionen kontrollieren können. Wenn ein Elternteil seine Wut ständig unkontrolliert oder aggressiv zum Ausdruck bringt, kann das Kind ähnliche Verhaltensweisen vorleben, was zu Schwierigkeiten beim angemessenen Umgang mit seinen Gefühlen führt. Diese erlernte Reaktion auf Wut kann sich auf die sozialen Interaktionen, die schulischen Leistungen und das allgemeine Wohlbefinden des Kindes auswirken.

Zusätzlich zu den unmittelbaren emotionalen und psychologischen Auswirkungen kann die elterliche Wut die langfristige Entwicklung von Eltern-Kind-Beziehungen prägen. Der Vertrauensverlust zwischen Eltern und Kindern ist eine mögliche Folge. Das Vertrauen kann untergraben und ein Gefühl der Unsicherheit entstehen, wenn Kinder den Ärger ihrer Eltern als irrational oder unerwartet wahrnehmen. Vertrauen muss wieder aufgebaut werden, damit die Eltern-Kind-Beziehung repariert und gestärkt werden kann.

Darüber hinaus kann die elterliche Wut die Macht- und Autoritätsdynamik innerhalb der Familie erheblich beeinflussen. Kinder können Wut als ein Kontrollinstrument wahrnehmen, das eher aus Angst als aus einem echten Verständnis der Konsequenzen dazu führt, dass sie sich fügen. Diese Dynamik kann die Entwicklung von verinnerlichten Werten und Selbstdisziplin bei Kindern behindern, da sie möglicherweise die Vermeidung von Bestrafung über das Verständnis der Gründe für Verhaltenserwartungen stellen. Die Balance zwischen Disziplin und offener Kommunikation ist unabdingbar, um eine gesunde Machtdynamik in der Eltern-Kind-Beziehung zu fördern.

Die Kommunikationsmuster innerhalb der Familie sind ein weiterer Bereich, der stark von der Wut der Eltern beeinflusst wird. Wenn Wut zu einer vorherrschenden Form der Kommunikation wird, kann der Austausch von Ideen, Gefühlen und Sorgen erstickt werden. Kinder zögern vielleicht, sich offen auszudrücken, weil sie die möglichen Auswirkungen befürchten, wenn sie ihre Gedanken oder Erfahrungen teilen. Dieser Kommunikationsabbruch kann die Entwicklung einer gesunden Eltern-Kind-Beziehung behindern, da eine echte Verbindung auf einem offenen Dialog und gegenseitigem Verständnis beruht.

Elterliche Wut kann auch die Bildung von Bewältigungsmechanismen bei Kindern beeinflussen. Als Reaktion auf den Stress, in einer von Wut geprägten Umgebung zu leben, können Kinder unangepasste Bewältigungsstrategien wie Rückzug, Aggression oder emotionale Unterdrückung entwickeln. Während diese Bewältigungsmechanismen zunächst als Schutzmaßnahmen dienen, können sie bis ins Erwachsenenalter bestehen bleiben und die Fähigkeit des Individuums beeinträchtigen, mit Stress und Konflikten gesund und konstruktiv umzugehen.

Die Auseinandersetzung mit den Auswirkungen der elterlichen Wut auf die Eltern-Kind-Beziehung erfordert einen vielschichtigen Ansatz, der Selbstbewusstsein, Kommunikationsfähigkeiten und das Engagement für die Förderung des emotionalen Wohlbefindens in der Familie umfasst. Eltern können von der Kultivierung von Achtsamkeit profitieren, bei der es darum geht, im Moment präsent zu sein und ein erhöhtes Bewusstsein für ihre Emotionen und Reaktionen zu entwickeln. Achtsamkeitsübungen ermöglichen es Eltern, ruhiger und bewusster auf Äußerungen zu reagieren, wodurch die Wahrscheinlichkeit verringert wird, Wut reaktiv oder impulsiv auszudrücken.

Effektive Kommunikation ist ein Eckpfeiler gesunder Eltern-Kind-Beziehungen. Eltern können eine Atmosphäre schaffen, die eine offene Kommunikation fördert, indem sie darauf achten, was ihre Kinder sagen, ihre Emotionen anerkennen und ihnen helfen, ihre Gefühle gesund auszudrücken. Ein Gefühl der Sicherheit wird bei Kindern kultiviert, indem klare und einheitliche Standards festgelegt und die Folgen altersgerecht erklärt werden. Dies hilft den Jugendlichen, Familiengrenzen zu erkennen.

Professionelle Unterstützung, wie z. B. Familienberatung oder Elternworkshops, kann dazu beitragen, die Auswirkungen des elterlichen Ärgers auf die Eltern-Kind-Beziehungen anzugehen. Therapeutische Interventionen bieten Familien einen sicheren Raum, um die zugrunde liegenden Ursachen von Wut zu erforschen und zu bewältigen, effektive Bewältigungsstrategien zu entwickeln und die Bindungen zu stärken, die die Grundlage für eine gesunde Familiendynamik bilden.

Zusammenfassend lässt sich sagen, dass die elterliche Wut tiefgreifende Auswirkungen auf die Eltern-Kind-Beziehung hat und die emotionale, psychologische und langfristige Dynamik von Familien beeinflusst. Das Erkennen der Auswirkungen des elterlichen Zorns ist der erste Schritt zur Förderung eines gesunden familiären Umfelds. Durch die Priorisierung einer offenen Kommunikation, die Kultivierung des Selbstbewusstseins und die Suche nach angemessener Unterstützung können Eltern Herausforderungen bei der Wutbewältigung meistern und eine Eltern-Kind-Beziehung fördern, die von Vertrauen, emotionaler Belastbarkeit und gegenseitigem Verständnis geprägt ist. Auf diese Weise können Familien einen nährenden Raum schaffen, in dem Kinder emotional, psychologisch und in den dauerhaften Bindungen, die ihr Leben prägen, gedeihen können.

Den Kreislauf der Wut durchbrechen

Einmal in Gang gesetzt, kann der Kreislauf der Wut innerhalb von Familien zu einem anhaltenden und herausfordernden Muster werden, das sich auf das emotionale Wohlbefinden aller Mitglieder auswirkt. Um diesen Kreislauf zu durchbrechen, bedarf es einer bewussten und konzertierten Anstrengung, um die Wurzeln der Wut zu verstehen, effektive Bewältigungsmechanismen zu entwickeln und ein nährendes Umfeld zu schaffen, das das emotionale Wohlbefinden fördert. Dieser Abschnitt untersucht die komplizierte Dynamik, den Kreislauf der Wut innerhalb von Familien zu durchbrechen, betont die Bedeutung von Selbsterkenntnis und Kommunikation und kultiviert positive Bewältigungsstrategien, um ein gesünderes und harmonischeres Familienleben zu schaffen.

Der Kern des Durchbrechens des Kreislaufs der Wut liegt in der Erkenntnis, dass Wut oft ein Symptom für zugrunde liegende Probleme ist und dass die Bewältigung dieser Probleme von größter Bedeutung ist, um dauerhafte Veränderungen herbeizuführen. Selbsterkenntnis wird in diesem Prozess von entscheidender Bedeutung, da Iividuals ihre Auslöser, Reaktionen und emotionalen Reaktionen introspektiv untersuchen müssen. Das Verständnis der Quelle von Wut – sei es in familiären Erfahrungen, Stressfaktoren oder unerfüllten Bedürfnissen verwurzelt – bildet die Grundlage, um den Kreislauf zu durchbrechen und einen bewussteren und bewussteren Ansatz für den emotionalen Ausdruck innerhalb der Familie zu schaffen.

Kommunikation ist ein Dreh- und Angelpunkt, um den Kreislauf der Wut zu durchbrechen, und dient als Brücke, die Familienmitglieder verbindet und das Verständnis erleichtert. Familienmitglieder müssen offen und ehrlich über ihre Emotionen, Erfahrungen und Sorgen sprechen. Aktives Zuhören, Einfühlungsvermögen und die Fähigkeit, sich durchsetzungsfähig und dennoch höflich auszudrücken, sind für eine effektive Kommunikation notwendig. Durch die Schaffung eines sicheren Raums für einen offenen Diskurs können Familien zugrunde liegende Probleme ansprechen, Missverständnisse ausräumen und gemeinsam an der Lösung von Konflikten arbeiten, ohne auf Wut als Standardreaktion zurückzugreifen.

Kinder sind oft anfälliger für den Ärger der Eltern und profitieren erheblich von einem familiären Umfeld, in dem offene Kommunikation und emotionaler Ausdruck im Vordergrund stehen. Als bewegende Wegweiser müssen Eltern ihren Kindern gesunde Wege beibringen, ihre Emotionen auszudrücken und zu bewältigen. Indem sie konstruktive Kommunikation modellieren und einen Rahmen für die emotionale Regulierung schaffen, tragen Eltern dazu bei, den Kreislauf der Wut zu durchbrechen und ihre Kinder mit wichtigen Lebenskompetenzen auszustatten, um positiv mit Emotionen umzugehen.

Um den Kreislauf der Wut zu durchbrechen, müssen auch positive Bewältigungsmechanismen kultiviert werden, die destruktive Muster ersetzen. Anstatt sich auf Wut als automatische Reaktion auf Stress oder Frustration zu verlassen, können Familienmitglieder alternative Strategien wie Achtsamkeit, tiefe Atemübungen oder körperliche Aktivitäten entwickeln, um überschüssige Energie zu kanalisieren. Positive Bewältigungsmechanismen lindern die unmittelbaren Symptome der Wut und tragen zu einer widerstandsfähigeren und anpassungsfähigeren emotionalen Landschaft innerhalb der Familie bei.

Um ein emotional sicheres Umfeld zu schaffen, muss ein Gefühl von Vertrauen, Geborgenheit und offener Kommunikation vermittelt werden. Eltern können dies erreichen, indem sie konsequent Empathie zeigen, emotionale Unterstützung bieten und ihre Verletzlichkeit anerkennen. Die Kultivierung der emotionalen Intelligenz der Eltern schafft die Voraussetzungen für eine emotional gesunde Familiendynamik, in der Ärger proaktiv angesprochen und nicht aufrechterhalten wird.

Den Kreislauf der Wut zu durchbrechen, ist eng mit der Kultivierung von Empathie innerhalb der Familie verbunden. Empathie ist ein starkes Gegengewicht zu Wut, da es darum geht, die Gefühle einer anderen Person zu teilen und zu verstehen. Familienmitglieder können Meinungsverschiedenheiten mit Empathie und Verständnis behandeln, weil sie die Erfahrungen und Standpunkte des anderen kennen. Familienmitglieder, die sich in andere hineinversetzen, entwickeln eine stärkere Bindung und tragen zu einer friedlichen und ermutigenden Familienatmosphäre bei.

Vergebung spielt eine zentrale Rolle, wenn es darum geht, den Kreislauf der Wut zu durchbrechen und das Vertrauen in den Familien wiederherzustellen. Das Festhalten an Groll und Ressentiments setzt einen Kreislauf der Negativität fort und verhindert echte emotionale Heilung. Familienmitglieder müssen bereit sein, zu vergeben – sowohl für sich selbst als auch für andere Menschen – und verstehen, dass dies eine bewusste Entscheidung ist, das emotionale Gewicht loszulassen und weiterzumachen, und nicht, um das Verhalten zu entschuldigen, das sie überhaupt erst wütend gemacht hat. Familien können Entwicklung, Resilienz und die Verschmelzung gesünderer Beziehungsmuster fördern, indem sie sich gegenseitig vergeben.

Familienroutinen und -rituale geben der Familie Struktur und Berechenbarkeit, was dem allgemeinen emotionalen Wohlbefinden der Mitglieder zugute kommt. Ein Gefühl der Verbundenheit und Zugehörigkeit wird kultiviert, indem Routinen für die Kommunikation, das gemeinsame Verbringen von Zeit und das Teilen von Aktivitäten geschaffen werden. Ohne regelmäßige Rituale könnte sich die Familie gestresster und verwirrter fühlen, was die Möglichkeit erhöht, dass sie als Reaktion auf Probleme oder Störungen wütend wird.

Um den Kreislauf der Wut zu durchbrechen, ist es entscheidend, bei Bedarf externe Unterstützung zu suchen. Professionelle Beratung, Familientherapie oder Elternworkshops bieten wertvolle Ressourcen für Familien, die mit anhaltenden Wutdynamiken zu kämpfen haben. Erfahrene Experten können Wahrnehmungen, Instrumente und Taktiken anbieten, um mit den zugrunde liegenden Gründen für Wut umzugehen, den Dialog zu verbessern und eine fürsorgliche Atmosphäre für jedes Familienmitglied zu schaffen. Um schädliche Muster zu unterbrechen und positive Veränderungen zu fördern, ist das Bitten um Hilfe ein proaktiver und befähigter erster Schritt.

Pädagogische Initiativen in den Familien tragen wesentlich dazu bei, den Kreislauf der Wut zu durchbrechen. Durch die Aufklärung der Familienmitglieder über die Auswirkungen von Wut auf das emotionale Wohlbefinden, die zwischenmenschlichen Beziehungen und die allgemeine Familiendynamik erlangen die Betroffenen ein tieferes Verständnis für die Folgen der Aufrechterhaltung des Kreislaufs. Wissen befähigt Familienmitglieder, informierte Entscheidungen zu treffen, gesündere Bewältigungsmechanismen anzuwenden und aktiv dazu beizutragen, eine emotional widerstandsfähigere Familieneinheit zu schaffen.

Zusammenfassend lässt sich sagen, dass das Durchbrechen des Kreislaufs der Wut in Familien eine transformative Reise ist, die Selbsterkenntnis, Kommunikation und die Kultivierung positiver Bewältigungsmechanismen erfordert. Familien können Wut durch Verständnis, Empathie und Resilienz ersetzen, indem sie die zugrunde liegenden Probleme angehen, die zu einem Ger beitragen, eine offene Kommunikation fördern und gesündere Wege entwickeln, um mit Emotionen umzugehen. Um den Kreislauf zu durchbrechen, braucht es Zeit, Mühe und Mühe und ein gemeinsames Engagement für die Förderung des emotionalen Wohlbefindens in der Familie. Durch diese bewussten Bemühungen können sich Familien von Ärger befreien und die Grundlage für langfristiges emotionales Wohlbefinden schaffen. Sie können auch den Weg zu einer friedlicheren und unterstützenderen Atmosphäre ebnen.

KAPITEL II

Die Geist-Körper-Verbindung

Körperliche und emotionale Auslöser erkennen

Der Weg zu einem effektiven Umgang mit Wut beginnt mit dem Erkennen und Verstehen von körperlichen und emotionalen Auslösern, die die Flammen der Wut anheizen. Wut ist ein starkes Signal im komplizierten Geflecht menschlicher Emotionen, das Menschen vor eingebildeten Gefahren oder Schwierigkeiten warnt. Das Verständnis der Komplexität dieser emotionalen und körperlichen Auslöser öffnet Türen zu einer tieferen Selbsterkenntnis. Sie ermöglicht es den Menschen, bewusst statt reflexartig auf Umstände zu reagieren. Dieser Abschnitt befasst sich mit den subtilen Aspekten der Identifizierung von körperlichen und emotionalen Auslösern und hebt ihre Bedeutung für die Wutbewältigung und die Förderung der psychischen Gesundheit im Allgemeinen hervor.

Da körperliche Auslöser oft mit den physiologischen Reaktionen des Körpers verbunden sind, sind sie entscheidend für die Manifestation von Zorn. Die menschliche Natur ist geprägt von der "Kampf-oder-Flucht"-Reaktion, die zu verschiedenen physiologischen Reaktionen wie erhöhtem Blutdruck, Herzfrequenz und der Bildung von Stresshormonen führt. Diese physiologischen Veränderungen bereiten den Körper darauf vor, auf wahrgenommene Gefahren zu reagieren. Obwohl evolutionär angepasst, kann diese Reaktion zu erhöhten emotionalen Zuständen führen, die die Neigung eines Individuums zur Wut in heutigen Situationen fördern.

Körperliche Auslöser können sich in verschiedenen Formen manifestieren, wobei jeder Mensch eine einzigartige Empfindlichkeit gegenüber Reizen in seiner Umgebung hat. Äußere Faktoren wie laute Geräusche, überfüllte Räume oder sogar bestimmte Gerüche können die Stressreaktion des Körpers aktivieren und den Grundstein für das Aufkommen von Wut legen. Das Verständnis der eigenen körperlichen Auslöser erfordert eine scharfe Beobachtung und die Bereitschaft, Muster in den Reaktionen des Körpers auf verschiedene Situationen zu erkennen. Dieses Bewusstsein bildet die Grundlage für die Umsetzung proaktiver Strategien, um die Auswirkungen körperlicher Auslöser auf Wut zu mildern.

Neben äußeren Reizen tragen auch innere körperliche Zustände zur Aktivierung von Wut bei. Faktoren wie Müdigkeit, Hunger oder körperliches Unwohlsein senken die Schwelle für Reizbarkeit und machen den Einzelnen anfälliger für Wut. In der Hektik des täglichen Lebens übersehen Individuen diese inneren Signale und lassen unwissentlich zu, dass sich körperliche Auslöser ansammeln und in Wut gipfeln. Die Priorisierung der Selbstfürsorge, einschließlich ausreichender Ruhe, Verzicht auf Müdigkeit und regelmäßiger körperlicher Aktivität, wird entscheidend für den Umgang mit inneren körperlichen Auslösern und die Förderung des allgemeinen emotionalen Wohlbefindens.

Emotionale Auslöser, die eng mit Gedanken, Überzeugungen und vergangenen Erfahrungen verbunden sind, stellen eine weitere Dimension der Wutgleichung dar. Diese Auslöser sind oft komplexer und wurzeln aufrichtig und erfordern Introspektion und die Bereitschaft, die zugrunde liegende emotionale Landschaft zu erkunden. Um emotionale Auslöser zu verstehen, geht es darum, Denkmuster zu erkennen und Themen zu identifizieren, die immer wieder zu Wut führen. Es erfordert ein gewisses Maß an Verletzlichkeit und Mitengagement, um in die emotionale Komplexität einzutauchen, die Wutreaktionen zugrunde liegen.

Vergangene Erfahrungen und ungelöste Emotionen können als starke emotionale Auslöser dienen. Traumatische Ereignisse, Gefühle der Unzulänglichkeit oder unerfüllte Probleme aus der Kindheit können in der Gegenwart wieder auftauchen und zu intensiven emotionalen Reaktionen, einschließlich Wut, beitragen. Das Erkennen und Verarbeiten dieser tieferen emotionalen Auslöser erfordert oft die Unterstützung durch therapeutische Interventionen wie Beratung oder Psychotherapie, die den Betroffenen Werkzeuge an die Hand geben, um durch vergangene Wunden zu navigieren und sie zu heilen.

Kognitive Verzerrungen oder Muster verzerrten Denkens stellen eine weitere Kategorie von emotionalen Auslösern dar. Diese Verzerrungen, wie Schwarz-Weiß-Denken, Atastrophisierung oder Personalisierung, können die Wahrnehmung der Realität verzerren, was zu verstärkten emotionalen Reaktionen führt. Das Erkennen und Infragestellen dieser verzerrten Gedanken durch kognitive Verhaltensstrategien ist entscheidend für die Veränderung der Denkmuster, die zur Wut beitragen. Durch die Kultivierung einer ausgewogeneren und rationaleren Perspektive kann der Einzelne die Auswirkungen kognitiver Verzerrungen auf sein emotionales Wohlbefinden abmildern.

Zwischenmenschliche Beziehungen, die oft eine Quelle von Freude und Stress sind, können ein fruchtbarer Boden für emotionale Auslöser sein. Ungelöste Konflikte, unerfüllte Erwartungen oder Kommunikationsstörungen können Wut in Beziehungen schüren. Das Erkennen der Interaktionsmuster und der spezifischen Dynamiken, die Wut auslösen, ist für die Förderung gesünderer Beziehungen unerlässlich. Effektive Kommunikation, Empathie und aktives Zuhören werden zu entscheidenden Werkzeugen, um emotionale Auslöser in zwischenmenschlichen Kontexten anzugehen.

Die Medien und gesellschaftlichen Einflüsse stellen externe Quellen emotionaler Auslöser dar, die individuelle Perspektiven prägen und zur Wut beitragen. Die Konfrontation mit negativen Nachrichten, gesellschaftlichen Ungerechtigkeiten oder disdiktiven Narrativen kann starke emotionale Reaktionen hervorrufen. Das Erkennen der Auswirkungen äußerer Einflüsse auf den eigenen emotionalen Zustand ermöglicht es dem Einzelnen, Medien achtsam zu konsumieren, aktiv Quellen auszuwählen, die mit seinen Werten übereinstimmen, und eine ausgeglichenere emotionale Einstellung zu fördern.

Die Identifizierung geistiger und körperlicher Auslöser erfordert einen kontinuierlichen Zyklus von Beobachtung, Selbstbeobachtung und Modifikation. Tiefe Atemübungen und andere Achtsamkeitstechniken sind wertvolle Werkzeuge, um das Bewusstsein für die eigenen emotionalen und körperlichen Zustände zu schärfen. Achtsam zu sein ermöglicht es den Menschen, ihre Gefühle und körperlichen Erfahrungen wahrzunehmen, ohne sofort zu reagieren, was eine bewusstere und ruhigere Reaktion auf Stressoren fördert.

Das Führen eines Tagebuchs bietet eine weitere Möglichkeit der Selbstreflexion, die es dem Einzelnen ermöglicht, Wutmuster zu dokumentieren, Auslöser zu identifizieren und die zugrunde liegenden Emotionen zu erforschen, die mit bestimmten Situationen verbunden sind. Durch konsequentes Tagebuchschreiben erhalten die Betroffenen einen Einblick in ihre emotionale Landschaft, decken wiederkehrende Themen und beitragende Faktoren auf, die die Entwicklung effektiver Strategien zur Aggressionsbewältigung beeinflussen können.

Selbstbewusstsein, kultiviert durch Achtsamkeit und reflektierende Praktiken, ist der Eckpfeiler, um den Kreislauf der reaktiven Wut zu durchbrechen. Durch das Erkennen des Zusammenspiels von körperlichen und emotionalen Auslösern kann der Einzelne in einem früheren Stadium eingreifen und so die Eskalation von

Wut verhindern. Dieses Bewusstsein befähigt den Einzelnen, bewusste Entscheidungen zu treffen, um auf Auslöser zu reagieren, indem er Bewältigungsstrategien und Kommunikationsfähigkeiten implementiert oder bei Bedarf Unterstützung sucht.

Effektive Strategien zur Aggressionsbewältigung beinhalten nicht nur das Erkennen von Auslösern, sondern auch die Entwicklung eines Repertoires an Bewältigungsmechanismen, die sowohl die körperliche als auch die emotionale Dimension von Wut ansprechen. Progressive Muskelentspannung und geführte Meditation sind zwei Beispiele für Geist-Körper-Praktiken, die dazu beitragen können, die physiologischen Reaktionen zu reduzieren, die mit Wut verbunden sind. Diese Methoden bauen Stress ab, fördern die Entspannung und überwinden eine Barriere, um zu verhindern, dass sich die Wut verschlimmert.

Kognitive Strategien konzentrieren sich darauf, verzerrte Gedanken, die zu Wut beitragen, zu hinterfragen und neu zu formulieren. Durch das Einnehmen einer ausgewogeneren und rationaleren Perspektive kann der Einzelne die mentalen Muster verändern, die emotionale Reaktionen auslösen. Dieser Prozess beinhaltet das Hinterfragen der Richtigkeit der eigenen Gedanken, das Nachdenken über alternative Interpretationen und die bewusste Wahl adaptiverer Denkweisen.

Kommunikationsfähigkeiten, einschließlich Durchsetzungsvermögen und aktives Zuhören, sind unverzichtbare Werkzeuge im Umgang mit Wut. Wenn Menschen selbstbewusst kommunizieren, können sie ihre Bedürfnisse, Gefühle und Grenzen respektieren und klar ausdrücken, was die Möglichkeit verringert, dass sie sich über unerfüllte Erwartungen oder ungelöste Probleme ärgern. Umgekehrt reduziert aufmerksames Zuhören die Auswirkungen emotionaler Auslöser, indem es Empathie und Verständnis in zwischenmenschlichen Beziehungen fördert.

Techniken, um den Teufelskreis der Wut zu durchbrechen, beinhalten individuelle Handlungen und das prominentere familiäre oder soziale Umfeld. Familienmitglieder oder enge Freunde können gemeinsam ein Bewusstsein für Auslöser entwickeln und zusammenarbeiten, um eine Atmosphäre zu schaffen, die die emotionale Gesundheit fördert. Das Engagement für die persönliche Entwicklung, gegenseitiger Respekt und offene Kommunikation unterstützen die allgemeine Resilienz des sozialen Systems bei der Identifizierung und Reduzierung von Ursachen von Wut.

Zusammenfassend lässt sich sagen, dass das Erkennen körperlicher und emotionaler Auslöser von grundlegender Bedeutung für ein effektives Aggressionsmanagement und das allgemeine emotionale Wohlbefinden ist. Durch Selbsterkenntnis können Individuen das komplizierte Netz von Auslösern entwirren, die zu Wut beitragen, und so ein besseres Verständnis ihrer dynamischen Landschaft fördern. Individuen können den Kreislauf der reaktiven Wut durchbrechen, indem sie proaktive Bewältigungsmechanismen entwickeln, verzerrte Gedanken in Frage stellen und praktische Kommunikationsfähigkeiten kultivieren. Dieser bewusste und kontinuierliche Prozess befähigt den Einzelnen, geschickter mit Wut umzugehen, und trägt dazu bei, ein gesünderes und harmonischeres emotionales Umfeld in sich selbst und seinen Beziehungen zu schaffen.

Techniken zur Stressbewältigung

Stress ist für viele Menschen zu einem allgegenwärtigen Begleiter in der schnelllebigen und anspruchsvollen Landschaft des modernen Lebens geworden. Das Jonglieren mit beruflichen Verpflichtungen, persönlichen Verpflichtungen und dem ständigen Zustrom von Informationen kann zu Spannungen und Unbehagen führen. Die Anwendung effizienter Stressbewältigungstechniken ist unerlässlich, wenn es darum geht, die negativen Auswirkungen von anhaltendem Stress auf die körperliche und geistige Gesundheit zu berücksichtigen. Dieser Abschnitt befasst sich mit einer breiten Palette von Stressbewältigungsstrategien, darunter Achtsamkeitsübungen, körperliche Aktivität, Entspannungstechniken und Änderungen des Lebensstils, die alle zusammenwirken, um die Resilienz und das allgemeine Wohlbefinden zu unterstützen.

Mit Wurzeln in alten kontemplativen Praktiken ist

Achtsamkeit in der modernen Ära zu einem wirksamen Werkzeug zur Stressreduzierung geworden. Das Ziel der Achtsamkeit ist es, ein erhöhtes Bewusstsein für die aktuelle Mutter zu kultivieren, ohne zu urteilen. Techniken wie Achtsamkeitsgehen, tiefes Atmen und Meditation ermöglichen es den Menschen, sich im Hier und Jetzt zu erden und den Kreislauf der Sorgen und des Grübelns zu beenden, der häufig auf Stresssituationen folgt. Durch die Praxis des wertfreien Bewusstseins von Geboten und Empfindungen hilft Achtsamkeit den Menschen, ruhiger und klarer auf Herausforderungen zu reagieren.

Eine bekannte Achtsamkeitstechnik ist die

Achtsamkeitsmeditation, bei der sich der Einzelne Zeit nimmt, um seine Aufmerksamkeit auf den Atem oder einen bestimmten Bewusstseinspunkt zu richten. Dieser bewusste Fokus hilft, den Geist zu beruhigen, die durch Kleidung hervorgerufenen physiologischen Reaktionen zu reduzieren und den inneren Frieden zu fördern. Es hat sich gezeigt, dass Achtsamkeitsmeditation Stress lindert und zu langfristigen Verbesserungen des emotionalen Wohlbefindens, der Aufmerksamkeit und der allgemeinen Widerstandsfähigkeit bei der Bewältigung der Herausforderungen des Lebens beiträgt.

Körperliche Aktivität, einschließlich regelmäßiger

Bewegung, ist eine wirksame Stressbewältigungstechnik mit vielfältigen Vorteilen. Körperliche Aktivität setzt Endorphine frei, die natürlichen Stimmungsaufheller des Körpers, die zu einer verbesserten Stimmung und einem reduzierten Stressniveau beitragen. Bewegung hilft auch, die physiologischen Reaktionen zu regulieren, die mit Stress verbunden sind, wie z. B. erhöhte Herzfrequenz und Cortisolspiegel. Ob durch aerobe Aktivitäten wie

Laufen oder Schwimmen, Krafttraining oder achtsamere Praktiken wie Yoga, körperliche Aktivität bietet einen ganzheitlichen Ansatz zur Stressbewältigung und fördert sowohl das körperliche als auch das geistige Wohlbefinden.

Zum Beispiel bietet Yoga eine umfassende Methode zum Stressabbau, indem körperliche Körperhaltungen mit Meditation und Atemkontrolle verschmolzen werden. Die bewusste Atmung und die weichen Posen des Yoga helfen den Menschen, sich zu entspannen und eine Verbindung zwischen Körper und Geist zu schaffen, die Stress abbaut. Die meditativen Elemente des Yoga fördern das Bewusstsein im gegenwärtigen Moment, was den Menschen hilft, weniger auf Stress zu reagieren und eine zentriertere und ausgeglichenere Perspektive zu entwickeln.

Entspannungstechniken, die von progressiver Muskelentspannung bis hin zu geführter Imagination reichen, geben dem Einzelnen Werkzeuge an die Hand, um den physiologischen Reaktionen auf Stress entgegenzuwirken. Durch das Anspannen und Entspannen verschiedener Muskelgruppen fördert die progressive Muskelentspannung die körperliche Entspannung und einen entsprechenden Zustand geistiger Ruhe. Indem sie die Menschen dazu ermutigen, sich eine ruhige und ruhige Umgebung vorzustellen, hilft ihnen die geführte Vorstellungskraft, sich zu entspannen und ihren Fokus von stressigen Situationen abzulenken. Diese Methoden sind leicht zugänglich und können auf eigene Faust, unter Aufsicht von Audioaufnahmen oder von Experten für Stressbewältigung angewendet werden.

Die Zwerchfellatmung, oft auch als Atemkontrolle bekannt, ist eine wirksame Entspannungsmethode, die die Stressreaktion des Körpers modifiziert. Durch die Konzentration auf tiefe, gleichmäßige Atemzüge, die das Zwerchfell einbeziehen, können Menschen die Entspannungsreaktion in ihrem Körper auslösen, die die negativen Auswirkungen von Stress auf das Nervensystem verringert. Regelmäßiges Üben der

Zwerchfellatmung führt zu einem erhöhten Bewusstsein für den eigenen Atem als Werkzeug zur Stressbewältigung in verschiedenen Situationen und induziert sofort ein Gefühl der Gelassenheit.

Langfristige Stressbewältigung hängt stark von

Änderungen des Lebensstils ab. Da unzureichender oder gestörter Schlaf den Stresspegel erhöhen kann, ist die Entwicklung gesunder Schlafmuster für die Stressbewältigung unerlässlich. Genügend Zeit für guten Schlaf zu haben, fördert die geistige und körperliche Belastbarkeit und verbessert die Fähigkeit des Körpers, mit Stress im täglichen Leben umzugehen. Eine gesunde, ausgewogene Ernährung trägt auch zum allgemeinen Wohlbefinden bei, da sie dem Körper die Ressourcen gibt, die er benötigt, um unter Druck Höchstleistungen zu erbringen.

Zeitmanagement und das Setzen realistischer

Erwartungen sind entscheidende Anpassungen des Lebensstils im Rahmen der Stressbewältigung. Menschen erliegen oft Stress, wenn sie mit einer überwältigenden Arbeitsbelastung oder unrealistischen Anforderungen konfrontiert werden. Wenn man lernt, Aufgaben zu priorisieren, Verantwortung zu delegieren und Grenzen zu setzen, kann man seine Aufgaben effektiver bewältigen und die Wahrscheinlichkeit von chronischem Stress verringern. Realistische Erwartungen an sich selbst zu stellen und Grenzen anzuerkennen, fördert eine mitfühlendere und anpassungsfähigere Herangehensweise an die Herausforderungen des Lebens.

Soziale Unterstützung, eine oft unterschätzte Stressbewältigungstechnik, fördert die Resilienz. Die Verbindung mit Freunden, Familie oder Selbsthilfegruppen bietet eine Möglichkeit, Erfahrungen auszutauschen, Perspektiven zu gewinnen und emotionale Unterstützung zu erhalten. Das Hormon Oxytocin, das Emotionen von Trus und Bindung fördert und Stress abbaut, wird auch als Reaktion auf soziale Interaktionen ausgeschüttet. Der Aufbau eines Unterstützungssystems und die Förderung gesunder

Beziehungen sind wesentliche Elemente eines umfassenden Stressbewältigungsplans.

Die kognitive Verhaltenstherapie zielt darauf ab, die Glaubenssätze und mentalen Prozesse, die zu Stress führen, zu verändern. Durch das Erkennen und Bekämpfen negativer Denkmuster, einschließlich Alles-oder-Nichts-Denken oder Katastrophisieren, können Menschen ihre Sicht auf die Welt verändern und lernen, angemessener auf Stress zu reagieren. Mit kognitiver Umstrukturierung, die häufig in therapeutischen Kontexten eingesetzt wird, können Menschen stressige und unlogische Ideen durch sinnvollere und hilfreichere ersetzen.

Biofeedback, eine Technik, die Menschen in Echtzeit mit Informationen über physiologische Prozesse versorgt, ermöglicht es ihnen, die Reaktionen ihres Körpers auf Stress bewusst zu beeinflussen. Der Einzelne erhält Einblick in seine physiologischen Rea tionen, indem er Parameter wie Herzfrequenz, Muskelspannung oder Hauttemperatur überwacht. Biofeedback-Sitzungen, die oft von Fachleuten geleitet werden, entwickeln eine größere Kontrolle über ihre körperlichen Reaktionen, was Entspannung und Stressabbau fördert.

Zusammenfassend lässt sich sagen, dass Stressmanagement ein facettenreiches Unterfangen ist, das Techniken kombiniert, um die körperlichen, geistigen und Lebensstildimensionen von Stress anzugehen. Achtsamkeitsübungen, körperliche Aktivität, Entspannungstechniken, Anpassungen des Lebensstils und soziale Unterstützung fördern gemeinsam Resilienz und Wohlbefinden. Die Integration dieser Techniken in das tägliche Leben befähigt den Einzelnen, Stress effektiver zu bewältigen und einen ausgewogenen und anpassungsfähigen Ansatz für die Herausforderungen des modernen Lebens zu fördern. Wenn der Einzelne ein ganzheitliches Verständnis des St. Ess-Managements annimmt, begibt er sich auf eine Reise zu mehr Selbstbewusstsein, emotionalem Wohlbefinden und einer widerstandsfähigeren Reaktion auf die Komplexität des Lebens.

Achtsamkeit und Erziehung

Elternschaft, ein tiefgreifender und facettenreicher Weg, ist oft von vielen Verantwortungen, Herausforderungen und Freuden geprägt. Im Wirbelwind der täglichen Aufgaben ist es leicht, sich in den Anforderungen des gegenwärtigen Augenblicks zu verfangen und sich in einem komplexen Netz von Emotionen und Verantwortlichkeiten zurechtzufinden. Achtsamkeit, die in einer alten kontemplativen Praxis verwurzelt ist, hat sich zu einem transformativen Werkzeug für Eltern entwickelt, die sich auf dem komplizierten Terrain der Elternschaft mit mehr Präsenz, Mitgefühl und emotionaler Widerstandsfähigkeit bewegen wollen. Dieser Abschnitt untersucht die tiefgreifende Überschneidung von Fürsorge und Erziehung und befasst sich damit, wie Achtsamkeitspraktiken die Eltern-Kind-Beziehung verbessern, das emotionale Wohlbefinden fördern und Eltern befähigen, einen bewussteren und verbundeneren Ansatz bei der Kindererziehung zu kultivieren.

Ein erhöhtes Bewusstsein für den gegenwärtigen Moment, kombiniert mit einer akzeptierenden und nicht wertenden Denkweise, ist das, was Achtsamkeit mit sich bringt. Wenn es um die Erziehung geht, ermutigt Achtsamkeit die Jugendlichen, ihren Kindern und den Momenten, die sich in ihrem Familienleben entfalten, bewusst und unvoreingenommen Aufmerksamkeit zu schenken. Indem sie sich aus den Fängen automatischer Reaktionen befreien, können Eltern auf die sich ständig ändernden Probleme der Elternschaft mit mehr Rücksicht und Einfühlungsvermögen reagieren, wenn sie absichtlich anwesend sind.

Einer der grundlegenden Beiträge der Achtsamkeit zur Elternschaft ist ihre Fähigkeit, die Eltern-Kind-Beziehung zu vertiefen. Eltern schaffen ein Umfeld für emotionale Sicherheit und Verbundenheit, indem sie voll und ganz präsent und auf ihre Kinder eingestimmt sind. Achtsame Erziehung bedeutet, Kindern zuzuhören, ihre Emotionen anzuerkennen und auf sie mitfühlend und einfühlsam zu reagieren. Der Grundstein für eine gute Bindung und emotionales Wohlbefinden wird durch diese Sühne gelegt, die die Eltern-Kind-Bindung stärkt, indem sie ein Gefühl von Vertrauen und Sicherheit fördert.

Erziehung mit Achtsamkeit kann besonders in komplexen oder konfliktreichen Zeiten von Vorteil sein. Bewusste Eltern warten ab, um auf eine problematische Situation oder das Fehlverhalten ihres Kindes zu reagieren, anstatt impulsiv zu handeln. Sie können ihre Gefühle während dieser Zeit beobachten und auf der Grundlage ihrer Werte und langfristigen Erziehungsziele entscheiden. In diesem Sinne wirkt Achtsamkeit als Schutzbarriere gegen reaktive Elternschaft und ermöglicht es Eltern, Zeiten der Disziplin mit Gelassenheit und Mäßigung zu bewältigen.

Achtsamkeitstechniken wie Bodyscan-Übungen oder achtsames Atmen ermöglichen es Eltern, ihre Emotionen zu kontrollieren und mit Stress umzugehen. Es wird immer Zeiten geben, in denen das Elternsein zu Frustration, Müdigkeit und Überforderung führt. Erziehung mit Achtsamkeit ermöglicht es ihnen, diese Gefühle zu erkennen, ohne überwältigt zu werden. Eltern können mit den Höhen und Tiefen der Elternschaft mit mehr emotionaler Belastbarkeit umgehen, indem sie sich in Achtsamkeit üben oder sich auf das Hier und Jetzt konzentrieren.

Ein entscheidender Aspekt der achtsamen Erziehung ist die Kultivierung von Selbstmitgefühl. Elternschaft mit ihren unvermeidlichen Unvollkommenheiten und Herausforderungen kann Schuldgefühle, Selbstzweifel oder Unzulänglichkeit hervorrufen. Achtsamkeit ermutigt Eltern, sich selbst mit der gleichen Freundlichkeit und dem gleichen Verständnis zu begegnen, die sie ihren Kindern entgegenbringen. Selbstmitgefühl ermöglicht es Eltern zu erkennen, dass sie nicht immun gegen Fehler sind, und der Weg der Elternschaft ist geprägt von Wachstum, Lernen und dem kontinuierlichen Bemühen, sein Bestes zu geben.

Achtsamkeit geht über einzelne Praktiken hinaus und umfasst das familiäre Umfeld als Ganzes. Achtsame Familien priorisieren gemeinsame Momente der Präsenz und Verbundenheit. Ob durch bewusste Mahlzeiten, Familienspaziergänge oder Bettrituale, diese bewussten Momente schaffen ein Gefühl der Einheit und stärken die familiären Bindungen. Achtsame Familien machen sich auch das Konzept der "langsamen Elternschaft" zu eigen und setzen sich für einen ausgewogenen und präsenten Ansatz ein, der die Qualität der Zeit über die Quantität stellt.

Die Vorteile von Achtsamkeit in der Erziehung erstrecken sich auch auf Kinder. Achtsame Eltern leben emotionale Regulierung, effektive Kommunikation und Empathie vor und geben Kindern unschätzbare Werkzeuge an die Hand, um mit Emotionen und Beziehungen umzugehen. Der abgestimmte und reaktionsschnelle Erziehungsstil, der mit Achtsamkeit verbunden ist, trägt dazu bei, eine sichere Bindung zu entwickeln, eine entscheidende Grundlage für eine gesunde sozio-emotionale Entwicklung von Kindern.

Achtsamkeitsübungen unterstützen Kinder auch bei der Entwicklung ihrer Selbstregulationsfähigkeiten. Kinder lernen, sich in der Gegenwart zu verankern, Stress zu bewältigen und emotionale Resilienz durch altersgerechte Achtsamkeitsaktivitäten wie achtsames Atmen oder geführte Vorstellungskraft zu kultivieren. Diese Praktiken befähigen Kinder, die Herausforderungen des Erwachsenwerdens mit einem größeren Selbstbewusstsein und einem Werkzeugkasten von Bewältigungsmechanismen zu meistern.

Die Einbeziehung von Achtsamkeit in die Elternschaft erfordert keine aufwendigen Übungen oder langwierigen Sitzungen. Einfache, aber kraftvolle Momente der Gegenwart können mir helfen, Achtsamkeit in den Alltag zu integrieren. Kleine Akte der Achtsamkeit, wie z.B. innezuhalten, um ein gemeinsames Gespräch zu genießen, während eines Gesprächs aufmerksam zu sein oder sich einen Moment Zeit zum gemeinsamen

Durchatmen zu nehmen, tragen zu einer zielgerichteteren und kohärenteren Familiendynamik bei.

Achtsamkeit trägt auch zu einer anpassungsfähigeren und flexibleren Denkweise der Eltern bei. Elternschaft beinhaltet oft den Umgang mit Unsicherheiten, unerwarteten Herausforderungen und sich entwickelnden Entwicklungsstadien. Achtsamkeit ermutigt Eltern, diese Momente mit einer offenen und nicht wertenden Denkweise anzugehen und die sich ständig verändernde Natur der Elternschaft anzunehmen. Die Fähigkeit, flexibel und belastbar auf Herausforderungen zu reagieren, ist ein Markenzeichen achtsamer Erziehung.

Die Integration von Achtsamkeit in die Kindererziehung steht im Einklang mit der aktuellen Forschung, die ihre positiven Auswirkungen auf die psychische Gesundheit und das Wohlbefinden hervorhebt. Studien haben gezeigt, dass Achtsamkeitspraktiken bei den Eltern Symptome von Stress, Angst und Depression hervorrufen und ein emotional unterstützenderes Umfeld für Eltern und Kinder schaffen. Die Vorteile erstrecken sich auch auf den körperlichen Bereich, wobei Achtsamkeit nachweislich die Schlafqualität und die allgemeine physiologische Gesundheit verbessert.

Achtsamkeitsprogramme sind zu wertvollen Werkzeugen geworden, um das emotionale Wohlbefinden und das positive Verhalten von Kindern in Bildungseinrichtungen zu fördern. Achtsamkeitsbasierte Schulinterventionen vermitteln Kindern wesentliche Fähigkeiten zur Emotionsregulation, Aufmerksamkeitskontrolle und Konfliktlösung. Durch die Einbeziehung von Achtsamkeit in die Elternschaft können Familien diese Fähigkeiten ergänzen und verstärken und so ein harmonisches und unterstützendes Umfeld für die Entwicklung der Kinder schaffen.

Zusammenfassend lässt sich sagen, dass die Integration von Achtsamkeit in die Elternschaft einen tiefgreifenden und transformativen Ansatz für die Kindererziehung darstellt. Achtsamkeitspraktiken verbessern die Eltern-Kind-Beziehung, fördern das emotionale Wohlbefinden und befähigen Eltern, die Komplexität der Elternschaft mit größerer Präsenz und Intentionalität zu bewältigen. Durch die Kultivierung einer achtsamen Elternmentalität können Eltern zu ihrem Wohlbefinden und der Entwicklung widerstandsfähiger, selbstbewusster und emotional intelligenter Kinder beitragen. Wenn Familien die Prinzipien der Achtsamkeit annehmen, begeben sie sich auf eine Reise, die das Gewebe ihrer gemeinsamen Erfahrungen bereichert und Verbindung, Verständnis und ein tiefes Gefühl des Wohlbefindens fördert.

KAPITEL III

Kommunikationsstrategien

Effektives Zuhören

Effektives Zuhören ist eine Fähigkeit, die über das bloße Hören hinausgeht. Es ist die Kunst, andere zu verstehen, sich einzufühlen und sich auf einer tiefgründigen Ebene mit ihnen zu verbinden. In einer Welt, die mit Informationen und ständigen Reizen gesättigt ist, ist die Fähigkeit, absichtlich zuzuhören, zu einer seltenen und unschätzbaren Eigenschaft geworden. Dieser Abschnitt untersucht die facettenreichen Dimensionen praktischer Hörfähigkeiten und befasst sich mit der Bedeutung von aktivem Zuhören, empathischem Verständnis und der transformativen Wirkung echter Verbindung sowohl im persönlichen als auch im beruflichen Kontext.

Aktives Zuhören ist das Herzstück eines effektiven Zuhörens, ein dynamischer Prozess, der über das passive Hören von Worten hinausgeht und sich aktiv mit der Botschaft des Sprechers auseinandersetzt. Aktives Zuhören bedeutet, volle Aufmerksamkeit zu schenken, die Informationen zu verarbeiten und überlegt zu reagieren. Dieses bewusste Engagement erfordert, dass der Zuhörer innere Ablenkungen wie vorgefasste Meinungen oder persönliche Vorurteile beiseite legt und sich auf die Worte und nonverbalen Hinweise des Sprechers konzentriert. Aktives Zuhören ist nicht nur das Warten darauf, dass man an der Reihe ist, sondern erfordert echte Neugier und Offenheit, die Perspektive des Sprechers zu verstehen.

Empathisches Verständnis ist ein entscheidender Bestandteil eines effektiven Zuhörens, da der Zuhörer nicht nur den Inhalt der Botschaft erfassen, sondern auch die emotionalen Nuancen des Sprechers schätzen muss. Empathie bedeutet, sich in die Lage des Sprechers zu versetzen, seine Gefühle zu erkennen und aufrichtig zu reagieren. Der Zuhörer schafft eine sichere und ermutigende Umgebung, in der sich der Sprecher ehrlich ausdrücken kann, indem er Empathie zeigt. Durch die Schaffung von Vertrauen und die Festigung der zwischenmenschlichen Verbindung hilft diese emotionale Resonanz den Menschen, mehr miteinander zu interagieren.

Effektives Zuhören ist für produktive Teamarbeit, erfolgreiche Streitbeilegung und Führung am Arbeitsplatz unerlässlich. Effektive Zuhörer können die Wünsche und Anforderungen ihrer Teammitglieder besser verstehen, was die Zusammenarbeit und das Vertrauen fördert. Aktives Zuhören garantiert, dass unterschiedliche Standpunkte berücksichtigt werden und fördert eine integrative Atmosphäre in der Teamumgebung. Effektive Führung bedeutet, Untergebenen, Kunden und Mitarbeitern aufmerksam zuzuhören. Dies hilft Unternehmen, als Ganzes erfolgreicher zu arbeiten.

In zwischenmenschlichen Beziehungen ist effektives Zuhören der Grundstein für eine gesunde Kommunikation. Es nährt das Verständnis, reduziert Missverständnisse und fördert ein Gefühl der Bestätigung für die Erfahrungen und Emotionen jeder Person. Paare, die aktives und einfühlsames Zuhören praktizieren, sind besser gerüstet, um Herausforderungen zu meistern, Konflikte zu lösen und ihre emotionale Bindung zu stärken. Eltern-Kind-Beziehungen profitieren erheblich von effektivem Zuhören, da Eltern, die auf die Bedürfnisse und Gefühle ihrer Kinder eingestimmt sind, ein unterstützendes und förderndes Umfeld für eine gesunde Entwicklung schaffen.

Das digitale Zeitalter bietet nicht nur eine noch nie dagewesene Konnektivität, sondern stellt auch Herausforderungen für effektives Zuhören mit sich. Die Verbreitung der virtuellen Kommunikation, die durch Textnachrichten, E-Mails und Social-Media-Interaktionen gekennzeichnet ist, erfordert oft mehr Reichhaltigkeit der persönlichen Kommunikation. Ohne nonverbale Hinweise und stimmliche Nuancen kann es schnell zu

Fehlinterpretationen und Missverständnissen kommen. Wenn sich der Einzelne in dieser digitalen Landschaft zurechtfindet, wird die Kultivierung praktischer Zuhörfähigkeiten noch wichtiger, um sinnvolle Verbindungen aufzubauen und die Fallstricke von Missverständnissen zu vermeiden.

Zuhören im digitalen Zeitalter bedeutet auch, den ständigen Zustrom von Informationen aus verschiedenen Quellen zu bewältigen. Die Fähigkeit, relevante Informationen zu erkennen, Ablenkungen herauszufiltern und die aktive Auseinandersetzung mit sinnvollen Inhalten zu priorisieren, ist von entscheidender Bedeutung. Da Menschen täglich große Mengen an Informationen konsumieren, können sie durch die Verbesserung praktischer Hörfähigkeiten wertvolle Erkenntnisse gewinnen, fundierte Entscheidungen treffen und sich sinnvoll an Online- und Offline-Gesprächen beteiligen.

Die Praxis der Achtsamkeit hilft auf dramatische Weise bei der Entwicklung hilfreicher Hörfähigkeiten. Um achtsam zuzuhören, muss man Ablenkungen aus den Gedanken entfernen, sich ganz auf den Sprecher konzentrieren und zuhören, was er zu sagen hat. Indem Achtsamkeit die Menschen ermutigt, ihre Ideen wahrzunehmen, ohne sie zu verurteilen, verringert sie die Wahrscheinlichkeit, dass die Zuhörer Meinungen oder Annahmen bilden, während der Sprecher noch spricht. Menschen können ihre Hörfähigkeit mit Aufmerksamkeit und Empathie verbessern, indem sie Achtsamkeit hinzufügen.

Kulturelle Kompetenz ist entscheidend für effektives Zuhören, insbesondere in einem vielfältigen und multikulturellen Umfeld. Das Verständnis des kulturellen Kontexts, der Normen und der Kommunikationsstile anderer verbessert die Fähigkeit des Zuhörers, Botschaften genau zu interpretieren und angemessen zu reagieren. Kulturelle Kompetenz beinhaltet die Bereitschaft zu lernen, sich anzupassen und Gespräche mit Sensibilität für die kulturellen Hintergründe der Beteiligten anzugehen. Der Einzelne bereichert seine

Fähigkeiten des Zuhörens, indem er kulturelle Vielfalt umarmt und eine integrative und respektvolle Kommunikation fördert.

Der Bildungskontext betont die Bedeutung eines effektiven Zuhörens für Schüler und Pädagogen. Schülerinnen und Schüler mit einem guten Hörverständnis sind besser in der Lage, komplexe Konzepte zu erfassen, sich aktiv an Diskussionen im Klassenzimmer zu beteiligen und akademische Leistungen zu erbringen. Pädagogen wiederum spielen eine entscheidende Rolle bei der Modellierung eines effektiven Hörverhaltens, der Schaffung einer inklusiven Lernumgebung und der Förderung einer kollaborativen Atmosphäre. In Bildungseinrichtungen ist effektives Zuhören ein wechselseitiger Prozess, der die Lernerfahrung für alle Beteiligten verbessert.

Um Hindernisse für effektives Zuhören zu überwinden, müssen häufige Fallstricke bewusst erkannt und angegangen werden. Zu diesen Barrieren gehören selektives Zuhören, bei dem sich der Einzelne nur auf Aspekte der Botschaft konzentriert, die mit seinen bestehenden Überzeugungen übereinstimmen; urteilendes Zuhören, gekennzeichnet durch Meinungsbildung oder Bewertungen, bevor die Perspektive des Sprechers vollständig verstanden wird; und defensives Zuhören, bei dem Individuen Kritik wahrnehmen und eher mit Abwehr als mit Offenheit reagieren. Durch das Erkennen und Abbau dieser Barrieren kann der Einzelne den Weg für eine sinnvollere und konstruktivere Kommunikation ebnen.

Die Technologie trägt nicht nur zur globalen Konnektivität bei, sondern hat auch zu Ablenkungen geführt, die ein effektives Zuhören behindern. Ständige Benachrichtigungen, Multitasking und die Versuchung, während eines Gesprächs die Geräte zu überprüfen, können die Hörqualität beeinträchtigen. Digitale Achtsamkeit, bei der es darum geht, Grenzen für die Gerätenutzung zu setzen und persönliche Interaktionen zu priorisieren, hilft dem Einzelnen, seine

Aufmerksamkeit zurückzugewinnen und effektive Hörgewohnheiten im digitalen Zeitalter zu kultivieren.

Effektives Zuhören ist eine Fähigkeit, die durch bewusstes Üben und Selbstreflexion entwickelt und verfeinert werden kann. Aktives Zuhören, Rollenspiele und Feedback von Gleichaltrigen oder Mentoren ermöglichen es dem Einzelnen, seine Hörfähigkeiten zu verbessern. Darüber hinaus trägt die Suche nach verschiedenen Perspektiven, das Führen von Gesprächen mit Menschen mit unterschiedlichem Hintergrund und das Kennenlernen verschiedener Kommunikationsstile dazu bei, die praktischen Hörfähigkeiten zu verbessern.

Zusammenfassend lässt sich sagen, dass effektives Zuhören eine transformative Fähigkeit ist, die über die Kommunikation hinausgeht. Es ist die Brücke, die Menschen verbindet, Verständnis fördert und sinnvolle Beziehungen pflegt. Aktives Zuhören, einfühlsames Verständnis und kulturelle Kompetenz bilden die Grundlage für praktische Hörfähigkeiten und beeinflussen persönliche, berufliche und schulische Bereiche. Während sich der Einzelne mit der Komplexität der Kommunikation im digitalen Zeitalter auseinandersetzt, bleibt die zeitlose Kunst des effektiven Zuhörens ein mächtiges Werkzeug, um Verbindungen zu fördern, die Zusammenarbeit zu fördern und das Gefüge der menschlichen Interaktion zu bereichern.

Durchsetzungsfähige Kommunikation

Effektive Kommunikation ist der Eckpfeiler erfolgreicher zwischenmenschlicher Interaktionen, und in diesem Bereich zeichnet sich eine durchsetzungsfähige Kommunikation als kraftvoller und ausgewogener Ansatz aus. Die Rechte und Perspektiven anderer zu respektieren und gleichzeitig offen und ehrlich zu sein, wenn es darum geht, seine Gedanken, Gefühle und Bedürfnisse auszudrücken, ist ein entscheidender Bestandteil des Durchsetzungsvermögens. In diesem Teil werden die vielen Facetten der assertiven Kommunikation untersucht, zusammen mit ihren Leitprinzipien, Vorteilen und praktischen Anwendungen in zwischenmenschlichen

Beziehungen, am Arbeitsplatz und in der Selbstverbesserung.

Eine harmonische Balance zwischen passiven und aggressiven Kommunikationsstilen zu erreichen, ist das grundlegende Ziel einer durchsetzungsfähigen Kommunikation. Der Widerwille, seine Wünsche oder Gedanken zu äußern, wird als passive Kommunikation bezeichnet und führt häufig zu Gefühlen der Frustration oder des Ignorierens. Aggressive Kommunikation hingegen zeichnet sich durch einen energischen Ausdruck aus, häufig auf Kosten der Gedanken und Gefühle anderer. Durchsetzungsvermögen ermöglicht es Menschen, ihre Ideen und Emotionen mit Selbstvertrauen und Klarheit auszudrücken und gleichzeitig die Grenzen und Standpunkte anderer zu respektieren.

Das Üben von selbstbewusster Kommunikation erfordert ein Fundament der Selbstwahrnehmung und die Bereitschaft, sich authentisch auszudrücken. Diese Selbsterkenntnis beinhaltet das Erkennen der eigenen Gefühle, Bedürfnisse und Werte, die Grundlage für einen selbstbewussten Ausdruck. Dazu gehört auch, persönliche Grenzen zu verstehen und innerhalb dieser Grenzen selbstbewusst zu kommunizieren. Menschen, die Selbstbewusstsein kultivieren, sind besser gerüstet, um die Komplexität der Kommunikation mit einem klaren Sinn für Sinn und Authentizität zu bewältigen.

Eines der entscheidenden Prinzipien der assertiven Kommunikation ist die Verwendung von "Ich"-Aussagen. Diese Aussagen konzentrieren sich darauf, persönliche Gefühle, Gedanken und Bedürfnisse auszudrücken, ohne Schuldzuweisungen oder anklagende Aussagen zu machen. Zum Beispiel zu sagen: "Ich bin frustriert, wenn Fristen nicht klar kommuniziert werden", ist durchsetzungsfähiger als zu sagen: "Du gibst nie klare Fristen an." "Ich"-Aussagen fördern eine offene Kommunikation, indem sie Abwehrhaltungen vermeiden und einen kollaborativen Ansatz zur Problemlösung fördern.

Ein weiterer wesentlicher Bestandteil einer kraftvollen Kommunikation ist das aktive Zuhören. Es bedeutet, aufmerksam zuzuhören, zu analysieren, was sie sagen, und weise zu antworten. Den Standpunkt des Redners durch aktives Zuhören zu respektieren, fördert eine fruchtbarere und sympathischere Diskussion von Ideen. Aktives Zuhören ist ein Werkzeug, das Menschen in Verbindung mit selbstbewusster Kommunikation nutzen, um Beziehungen aufzubauen und Verständnis zu fördern.

Zur durchsetzungsfähigen Kommunikation gehört auch die Fähigkeit, explizite und spezifische Anfragen zu stellen. Einflussreiche Personen artikulieren ihre Wünsche direkt und unmissverständlich, anstatt sich auf vage oder implizite Bedürfnisausdrücke zu verlassen. Diese Klarheit befähigt andere, die geäußerten Bedürfnisse zu verstehen und darauf zu reagieren, was zu einem transparenteren und effizienteren Kommunikationsprozess führt. Zum Beispiel ist die Aussage "Ich würde mich freuen, wenn Sie mir bis zum Ende der Woche Feedback zu meinem Projekt geben könnten" durchsetzungsfähiger als eine allgemeine Bitte um Feedback.

In persönlichen Beziehungen trägt eine durchsetzungsfähige Kommunikation maßgeblich dazu bei, gesunde Grenzen zu setzen und Konflikte zu lösen. Menschen, die in ihren Beziehungen Durchsetzungsvermögen üben, können ihre Bedürfnisse besser kommunizieren, Gefühle ausdrücken und Meinungsverschiedenheiten konstruktiv bewältigen. Durchsetzungsvermögen fördert ein Umfeld des gegenseitigen Respekts und Verständnisses, das es dem Einzelnen ermöglicht, seine Individualität zu bewahren und gleichzeitig ein Gefühl der Verbundenheit und Intimität zu fördern.

Im Gegensatz dazu kann passive Kommunikation in persönlichen Beziehungen zu unerfüllten Bedürfnissen und unausgesprochenen Gefühlen führen, was zu schwelenden Ressentiments und Frustration führt. Auf der anderen Seite kann aggressive Kommunikation Konflikte eskalieren lassen, Beziehungen beschädigen und eine Atmosphäre der Feindseligkeit schaffen. Durch die Förderung eines offenen und ehrlichen Ausdrucks ebnet eine selbstbewusste Kommunikation den Weg für gesündere und erfüllendere Verbindungen.

Am Arbeitsplatz ist durchsetzungsfähige Kommunikation eine wertvolle Fähigkeit, die zu einer effektiven Zusammenarbeit, Konfliktlösung und beruflichen Entwicklung beiträgt. Starke Personen sind eher bereit, ihre Ideen zu äußern, sich an Diskussionen zu beteiligen und sich für ihre Bedürfnisse in einem Team oder einer Organisation einzusetzen. Dieser proaktive Ansatz verbessert die Teamdynamik und fördert eine Kultur der offenen Kommunikation.

Führungskräfte, die durchsetzungsfähige Kommunikationsprinzipien anwenden, schaffen ein positives Arbeitsumfeld und ermutigen die Mitarbeiter, ihre Meinungen und Bedenken zu äußern. Starke Führungskräfte geben auch klare Erwartungen, bieten konstruktives Feedback und sprechen Konflikte zeitnah und transparent an. Dieser Führungsstil fördert ein Gefühl des Vertrauens und der Verantwortlichkeit und trägt zum Gesamterfolg und Wohlbefinden des Unternehmens bei.

Im Gegensatz dazu kann passive Kommunikation am Arbeitsplatz dazu führen, dass Chancen für den beruflichen Aufstieg verpasst werden, Bedenken nicht berücksichtigt werden und es zu mangelnder Transparenz innerhalb des Unternehmens kommt. Aggressive Kommunikation hingegen kann ein feindseliges Arbeitsumfeld schaffen, die Zusammenarbeit behindern und berufliche Beziehungen schädigen. Umgekehrt versetzt eine durchsetzungsfähige Kommunikation die Menschen in die Lage, die Feinheiten des Arbeitsplatzes mit Professionalität und Selbstvertrauen zu bewältigen.

Selbstentfaltung und persönliches Wachstum profitieren maßgeblich von einer durchsetzungsfähigen Kommunikation. Menschen, die Durchsetzungsvermögen praktizieren, sind eher bereit, sich persönliche Ziele zu setzen und zu verfolgen, ihre Bedürfnisse in verschiedenen Aspekten des Lebens auszudrücken und sich für ihr Wohlbefinden einzusetzen. Durchsetzungsvermögen fördert ein Gefühl der Handlungsfähigkeit und Befähigung und ermöglicht es dem Einzelnen, die Herausforderungen des Lebens mit Resilienz und einer positiven Denkweise zu meistern.

Im Gegensatz dazu können passive Personen

Schwierigkeiten haben, ihre Bedürfnisse durchzusetzen, was zu unerfüllten Bestrebungen und einem Gefühl der Machtlosigkeit führt. Aggressive Personen können angespannte Beziehungen und Widerstand von anderen erleben, was ihr persönliches und berufliches Wachstum behindert. Durch die Förderung von Selbstvertretung und Empowerment ermöglicht eine selbstbewusste Kommunikation dem Einzelnen, den Weg der Selbstfindung und Selbstverbesserung effektiver zu gehen.

Die Überwindung von Barrieren für eine durchsetzungsfähige Kommunikation beinhaltet die Auseinandersetzung mit häufigen Hindernissen wie Angst vor Konflikten, geringem Selbstwertgefühl oder dem Wunsch, anderen auf Kosten der eigenen Bedürfnisse zu gefallen. Der Aufbau von Durchsetzungsfähigkeiten kann darin bestehen, Unterstützung von Beratern zu suchen, an Workshops zum Selbstbehauptungstraining teilzunehmen oder durchsetzungsfähiges Verhalten in Situationen mit geringem Einsatz zu üben. Menschen können die Vorteile einer effektiven Kommunikation in verschiedenen Kontexten voll ausschöpfen, indem sie diese Hindernisse erkennen und beseitigen.

Zusammenfassend lässt sich sagen, dass assertive Kommunikation ein transformativer und befähigender Ansatz ist, der zwischenmenschliche Beziehungen, berufliche Interaktionen und persönliches Wachstum fördert. Die Prinzipien der Durchsetzungsfähigkeit, einschließlich der Verwendung von "Ich"-Aussagen, aktivem Zuhören und expliziten Aufforderungen, tragen zu einer offenen und respektvollen Kommunikation bei. In persönlichen Beziehungen fördert

Durchsetzungsvermögen Intimität und Verständnis. Am Arbeitsplatz verbessert es die Zusammenarbeit und die Effektivität der Führung. Für die persönliche Entwicklung ist eine durchsetzungsfähige Kommunikation für Selbstvertretung und Empowerment von entscheidender Bedeutung. Wenn Menschen Durchsetzungsvermögen annehmen, erschließen sie das Potenzial für selbstbewusstere, respektvollere und erfüllendere Beziehungen in jeder Facette des Lebens.

Kindern den emotionalen Ausdruck beibringen

In den prägenden Jahren der Kindheit erwerben Kinder grundlegende Fähigkeiten, die den Grundstein für ihre soziale und emotionale Entwicklung legen. Zentral für diese Entwicklung ist die Fähigkeit, Emotionen effektiv auszudrücken und zu steuern. Kindern emotionalen Ausdruck beizubringen, ist entscheidend für die Förderung von emotionaler Intelligenz, Empathie und Resilienz. In diesem Abschnitt wird untersucht, wie wichtig es ist, Kinder dabei zu unterstützen, ihre Emotionen zu verstehen und auszudrücken, und untersucht Strategien, Vorteile und die langfristigen Auswirkungen des emotionalen Ausdrucks auf die Gesamtentwicklung von Kindern.

Kinder erleben von klein auf eine Vielzahl von Emotionen.

Es kann jedoch sein, dass sie nicht über das Vokabular oder das Verständnis verfügen, um diese Gefühle zu artikulieren. Um emotionalen Ausdruck zu lehren, müssen Kinder mit den Werkzeugen ausgestattet werden, um Emotionen zu identifizieren, zu benennen und zu kommunizieren. Dieser Prozess führt grundlegende Emotionen wie Glück, Traurigkeit, Wut, Angst und Überraschung ein. Durch Gespräche, Geschichten oder visuelle Hilfsmittel können Kinder beginnen, Wörter mit ihren emotionalen Erfahrungen zu assoziieren, so dass sie sich effektiver ausdrücken können.

Das Geschichtenerzählen erweist sich als ein mächtiges Werkzeug, um Kindern etwas über Emotionen beizubringen. Erzählungen ermöglichen es Kindern, sich mit fiktiven Charakteren zu identifizieren, die verschiedene Gefühle erleben, und bieten eine Plattform, um über Emotionen und ihre Auswirkungen zu diskutieren. Durch die Verbindung von Emotionen mit nachvollziehbaren Geschichten lernen Kinder, dass von ihnen erwartet wird, dass sie eine Reihe von Gefühlen erleben und dass diese Gefühle ausgedrückt und verstanden werden können. Dieser narrative Ansatz fördert das Einfühlungsvermögen und ermutigt Kinder, die Emotionen anderer zu erkennen und zu respektieren.

In der Entwicklung eines Kindes ist es ebenso wichtig, den emotionalen Ausdruck zu modellieren. Jugendliche lernen viel Wissen, indem sie das Verhalten von Gleichaltrigen und Erwachsenen beobachten. Wenn Eltern einen gesunden emotionalen Ausdruck zeigen, wie z. B. ihre Emotionen wahrnehmen und ausdrücken, ist es wahrscheinlicher, dass Kinder diesem Beispiel folgen. Die Schaffung einer Atmosphäre, in der Menschen frei über ihre Gefühle sprechen und positive Vorbilder für den Umgang mit ihnen geben, legt den Grundstein dafür, dass Kinder in ihrer Fähigkeit zum emotionalen Ausdruck wachsen können.

Kinder können ihre Gefühle kreativ durch künstlerische Unternehmungen ausdrücken. Wenn das verbale Sprechen schwierig wird, können Jugendliche ihre Emotionen durch kreativen Ausdruck durch Zeichnen, Malen oder andere Medien nach außen tragen. Darüber hinaus bietet Kunst eine materielle Manifestation von Gefühlen, die es Erwachsenen ermöglicht, ihre Kunstwerke mit Kindern zu diskutieren. Durch diesen Prozess wird der emotionale Ausdruck verbessert und die Idee, dass alle Emotionen real sind und eine Vielzahl von Ausdrucksformen haben, wird bekräftigt.

Die Förderung einer offenen Kommunikation über Emotionen ist entscheidend für die Schaffung eines unterstützenden Umfelds. Kinder müssen das Gefühl haben, dass das Ausdrücken ihrer Gefühle akzeptiert und gefördert wird. Die Etablierung einer Routine, bei der Kinder über ihre Emotionen sprechen und aktiv auf ihre Antworten hören, fördert ein Gefühl des Vertrauens und der Sicherheit. Diese Praxis normalisiert das Teilen von Emotionen und fördert eine Kultur, in der sich Kinder gehört und verstanden fühlen.

Kindern etwas über die Emotionsregulation beizubringen, geht Hand in Hand mit dem emotionalen Ausdruck. Bei der Emotionsregulation geht es darum, seine Emotionen auf sozial akzeptable Weise zu erkennen und zu steuern, ohne sich selbst oder anderen zu schaden. Durch Anleitung und Vorleben können Kinder verschiedene Strategien zur emotionalen Regulation erlernen, wie z. B. tiefes Atmen, Zählen bis zehn oder eine Pause einlegen. Diese Techniken befähigen Kinder, herausfordernde Emotionen selbstständig zu bewältigen und fördern Selbstbewusstsein und Belastbarkeit.

Empathie, ein Eckpfeiler gesunder sozialer Interaktionen, ist eng mit dem emotionalen Ausdruck verbunden. Wenn Kinder ihre eigenen Emotionen erkennen und verstehen können, sind sie besser in der Lage, die Gefühle anderer zu erkennen und sich in sie hineinzuversetzen. Aktivitäten, die das Einnehmen von Perspektiven fördern, wie z. B. das Besprechen von Situationen aus verschiedenen Blickwinkeln oder die Teilnahme an Rollenspielen, verbessern die Fähigkeit der Kinder, sich mit den Emotionen ihrer Altersgenossen zu verbinden. Empathie fördert positive Beziehungen und trägt zur Entwicklung starker sozialer Bindungen bei.

Die Vorteile des Unterrichtens des emotionalen Ausdrucks gehen über unmittelbare soziale Interaktionen hinaus. Sie haben tiefgreifende Auswirkungen auf die psychische Gesundheit und das allgemeine Wohlbefinden von Kindern. Die Forschung deutet darauf hin, dass Kinder, die geschickt darin sind, ihre Emotionen auszudrücken und zu regulieren, weniger anfällig für Verhaltensprobleme, Angstzustände und Depressionen sind. Diese Kinder zeigen ein höheres Selbstwertgefühl, engagieren sich effektiver in sozialen Beziehungen und zeigen einen enormeren schulischen Erfolg. Indem wir Kinder mit emotionalen Ausdrucksfähigkeiten ausstatten, bieten wir ihnen eine wertvolle Grundlage, um die Herausforderungen des Lebens zu meistern.

Darüber hinaus ist der emotionale Ausdruck für die Entwicklung der emotionalen Intelligenz notwendig, die für den Erfolg in verschiedenen Lebensbereichen unerlässlich ist. Die Fähigkeit, die eigenen Gefühle zu erkennen und zu verstehen, mit anderen zu sympathisieren und soziale Komplexität erfolgreich zu bewältigen, ist in der emotionalen Intelligenz enthalten. Jugendliche mit vitaler emotionaler Intelligenz sind eher in der Lage, mit Stress umzugehen, aggressive Sprache zu verwenden und gesunde Beziehungen aufzubauen. Der frühe Unterricht in emotionalem Ausdruck hilft Kindern, emotionale Intelligenz zu entwickeln, und stattet sie mit wertvollen Fähigkeiten aus, um als Erwachsene in ihrem persönlichen und beruflichen Leben erfolgreich zu sein.

Der Prozess, emotionalen Ausdruck zu lehren, ist jedoch eine Herausforderung. Kulturelle und gesellschaftliche Einflüsse, Geschlechterstereotypen und individuelle Unterschiede im Temperament können sich darauf auswirken, wie Kinder Emotionen wahrnehmen und ausdrücken. Es ist von entscheidender Bedeutung, einen integrativen und kultursensiblen Ansatz zu schaffen, der unterschiedliche emotionale Ausdrucksstile anerkennt und respektiert. Darüber hinaus garantiert die Beseitigung der Stigmata, die mit bestimmten Emotionen verbunden sind, wie Verletzlichkeit oder Melancholie, dass sich Kinder frei fühlen, Emotionen auszudrücken.

Zusammenfassend lässt sich sagen, dass das allgemeine Wachstum eines Kindes von seiner Fähigkeit abhängt, seine Emotionen zu artikulieren. Wir helfen Kindern, emotionale Intelligenz, Empathie und Resilienz zu entwickeln, indem wir ihnen die Fähigkeiten vermitteln, ihre Gefühle zu erkennen, zu verstehen und zu kommunizieren. Kinder fühlen sich befähigt, sich in einer unterstützenden Umgebung, die durch Geschichtenerzählen, Modellieren, künstlerische Aktivitäten und offene Kommunikation geschaffen wird, wirklich auszudrücken. Die Vorteile gehen über die Kindheit hinaus und wirken sich auf das psychische Wohlbefinden, die zwischenmenschlichen Beziehungen und die Leistung in verschiedenen Lebensbereichen aus. Indem wir Geld ausgeben, um Kindern beizubringen, ihre Emotionen zu kommunizieren, geben wir ihnen eine lebenslange Fähigkeit, die ihre emotionale Gesundheit verbessert und ihre Fähigkeit, sinnvolle Beziehungen aufzubauen, erhöht.

KAPITEL IV

Realistische Erwartungen setzen

Umgang mit elterlichen Erwartungen

Elternschaft ist eine transformative und tiefgreifende Reise, die Freude, Herausforderungen und viele Emotionen mit sich bringt. Inmitten der Vorfreude und Aufregung bilden Eltern oft Erwartungen, die ihre Wahrnehmung der Elternschaft beeinflussen. Der Umgang mit den elterlichen Erwartungen ist entscheidend für die Förderung eines gesunden und widerstandsfähigen Ansatzes zur Elternschaft. Dieser Abschnitt befasst sich mit der Dynamik elterlicher Erwartungen, den Auswirkungen auf die Eltern-Kind-Beziehung und Strategien, um die Komplexität der Elternschaft realistisch und anpassungsfähig zu bewältigen.

Elterliche Erwartungen ergeben sich oft aus einer

Kombination von gesellschaftlichen Normen, kulturellen Einflüssen, persönlichen Werten und früheren Erfahrungen. Der Wunsch, ein "perfekter" Elternteil zu sein, bestimmte Meilensteine zu erreichen oder die eigenen positiven Erfahrungen zu wiederholen, kann dazu beitragen, Erwartungen zu formulieren. Während das Streben nach einer positiven und nährenden Elternschaft natürlich ist, können unrealistische oder starre Erwartungen zu Enttäuschung, Stress und Unzulänglichkeit führen, wenn die Realität von diesen Idealen abweicht.

Eine vertraute Erwartung, mit der Eltern zu kämpfen

haben, ist die Vorstellung eines perfekten, harmonischen Familienlebens. Die Darstellung idealisierter Familiendynamiken in medialen und gesellschaftlichen Narrativen kann für Eltern einen unrealistischen Maßstab darstellen. Die Realität der Elternschaft bringt oft Momente des Chaos, der Unvorhersehbarkeit und der Unvollkommenheit mit sich. Um die Erwartungen an ein idyllisches Familienleben zu erfüllen, muss man die Unordnung der Elternschaft annehmen, die Höhen und Tiefen anerkennen und Resilienz angesichts von Herausforderungen kultivieren.

Eine weitere weit verbreitete Erwartung dreht sich um die Rolle der Eltern bei der Gestaltung der Zukunft ihres Kindes. Eltern können die Last der Erwartungen an die Leistungen, das Verhalten oder die Berufswahl ihres Kindes tragen. Während es für Eltern natürlich ist, ihren Kindern die besten Möglichkeiten zu bieten, können unrealistische Erwartungen zu übermäßigem Druck und angespannten Eltern-Kind-Beziehungen führen. Um diese Erwartungen zu erkennen und anzupassen, müssen wir die Individualität jedes Kindes anerkennen, seine einzigartigen Stärken und Herausforderungen annehmen und ein Umfeld schaffen, das eher Wachstum als Perfektion fördert.

Die Vorstellung einer nahtlosen Work-Life-Balance ist eine Erwartung, die Eltern oft herausfordert, insbesondere in der heutigen Zeit. Die Vereinbarkeit von beruflichen Pflichten mit den Anforderungen der Elternschaft kann komplex sein, und die Erwartung, beide Bereiche mühelos unter einen Hut zu bringen, kann zu Schuldgefühlen oder Unzulänglichkeiten beitragen. Um diese Erwartung zu bewältigen, muss man die Notwendigkeit von Flexibilität anerkennen, bei Bedarf Unterstützung suchen und der Selbstfürsorge Priorität einräumen, um ein nachhaltiges Gleichgewicht aufrechtzuerhalten.

Auch die Entwicklungsmeilensteine von Kindern unterliegen elterlichen Erwartungen. Unrealistische Erwartungen darüber, wann ein Kind bestimmte Meilensteine wie Gehen, Sprechen oder intellektuelle Fähigkeiten erreichen sollte, können durch Vergleiche mit anderen Kindern oder gesellschaftlichen Normen geschürt werden. Das Erkennen und Respektieren des einzigartigen Entwicklungstempos jedes Kindes sowie die Suche nach Beratung durch medizinisches Fachpersonal ermöglichen es Eltern, einen realistischeren und unterstützenderen Ansatz zu verfolgen.

Der Einfluss elterlicher Erwartungen auf die Eltern-Kind-Beziehung ist tiefgreifend. Unrealistische oder starre Erwartungen können sowohl bei Eltern als auch bei Kindern ein Gefühl von Druck und Leistungsangst hervorrufen. Kinder können die Erwartungen, die ihnen auferlegt werden, verinnerlichen, was zu Gefühlen der Unzulänglichkeit oder Rebellion führt. Darüber hinaus kann die Belastung durch unerfüllte Erwartungen das Fundament des Vertrauens und der Kommunikation innerhalb der Eltern-Kind-Beziehung untergraben.

Umgekehrt pflegen Eltern, die flexibel und realistisch mit Erwartungen umgehen, eine offenere und solidarischere Beziehung zu ihren Kindern. Die Schaffung eines Umfelds, in dem sich Kinder so akzeptiert fühlen, wie sie sind, anstatt vordefinierte Erwartungen zu erfüllen, fördert ein Gefühl der Sicherheit und des Selbstwertgefühls. Gegenseitiges Verständnis, Empathie und die Bereitschaft, die Erwartungen angesichts der sich ändernden Bedürfnisse und Fähigkeiten von Eltern und Kindern zu ändern, sind für eine solide Eltern-Kind-Interaktion unerlässlich.

Strategien zur Bewältigung elterlicher Erwartungen beinhalten eine Kombination aus Selbstbewusstsein, Kommunikation und Anpassungsfähigkeit. Eltern profitieren in erster Linie davon, ihre Erwartungen zu reflektieren und ihre Herkunft zu hinterfragen. Wenn Eltern die Quelle der Erwartungen verstehen, können sie zwischen realistischen Bestrebungen und solchen, die von äußerem Druck oder unrealistischen Idealen beeinflusst werden, unterscheiden. Selbsterkenntnis bildet die Grundlage für eine bewusste und achtsame Erziehung.

Eine offene Kommunikation innerhalb der Familie ist von größter Bedeutung, um Erwartungen effektiv zu managen. Die Etablierung eines Dialogs, in dem Eltern und Kinder ihre Gedanken, Gefühle und Sorgen äußern können, fördert ein Gefühl der Transparenz und des gegenseitigen Verständnisses. Kinder profitieren davon, wenn sie wissen, dass ihre Eltern realistische Erwartungen haben und bereit sind, sie bei

Herausforderungen zu unterstützen. Ehrliche Kommunikation ermöglicht es Eltern auch, ihre Erwartungen an die sich entwickelnden Bedürfnisse und Fähigkeiten ihrer Kinder anzupassen.

Die Kultivierung von Resilienz ist ein wichtiger Bestandteil des Umgangs mit elterlichen Erwartungen. Resiliente Eltern erkennen, dass Elternschaft mit Unsicherheiten, Rückschlägen und kontinuierlichem Lernen verbunden ist. Eine Denkweise, die den Weg über die Perfektion stellt, ermöglicht es Eltern, Herausforderungen mit Anpassungsfähigkeit und Geduld zu meistern. Resilienz bedeutet, bei Bedarf Unterstützung zu suchen, Fehler einzugestehen und aus Erfahrungen zu lernen, um persönliches Wachstum und eine gesündere Eltern-Kind-Beziehung zu fördern.

Achtsamkeitspraktiken tragen wesentlich dazu bei, elterliche Erwartungen zu erfüllen. Achtsamkeit bedeutet, im Moment präsent zu sein, ohne zu urteilen, was es den Eltern ermöglicht, auf Situationen mit größerer Klarheit und Intentionalität zu reagieren. Eltern, die achtsame Erziehung praktizieren, werden ermutigt, ihr Bedürfnis nach Perfektion loszulassen, sich an den kleinen Dingen des Lebens zu erfreuen und Probleme mit Gelassenheit anzugehen. Achtsamkeit ist ein wertvolles Werkzeug, um sich aus dem Kreislauf unrealistischer Erwartungen zu befreien und eine geerdetere und erfüllendere Elternschaft zu fördern.

Die Suche nach Unterstützung durch eine Gemeinschaft von Eltern oder Fachleuten kann entscheidend sein, um die Erwartungen der Eltern zu erfüllen. Der Austausch von Erfahrungen, Erkenntnissen und Herausforderungen mit anderen mit ähnlichen Anliegen vermittelt ein Gefühl der Bestätigung und reduziert das Gefühl der Isolation. Elternschaft ist eine kollektive Reise; Der Austausch von Unterstützung und Beratung trägt zu einem fundierteren und widerstandsfähigeren Erziehungsansatz bei.

Elterliche Erwartungen können die Elternschaft befriedigender und friedlicher machen, wenn sie realistisch und flexibel gehandhabt werden. Die Unvollkommenheiten der Elternschaft zu akzeptieren, eine offene Kommunikation zu fördern, Resilienz zu kultivieren, Achtsamkeit zu üben und Unterstützung zu suchen, trägt zu einem gesünderen Umgang mit elterlichen Erwartungen bei. Letztendlich geht es nicht darum, Erwartungen zu eliminieren, sondern sie in einen Rahmen umzuwandeln, der Flexibilität, Wachstum und eine tiefere Verbindung zu den eigenen Kindern ermöglicht. Mit ihren Freuden und Herausforderungen wird die Elternschaft zu einer Reise, die von Akzeptanz, Verständnis und der Widerstandsfähigkeit geprägt ist, sich an die sich ständig verändernde Landschaft des Familienlebens anzupassen.

Altersgerechtes Verhalten

Das Verständnis für altersgerechtes Verhalten ist für Eltern, Pädagogen und Betreuer von entscheidender Bedeutung, wenn sie sich in der komplizierten Landschaft der kindlichen Entwicklung zurechtfinden. Kinder durchlaufen verschiedene Wachstumsphasen, die jeweils durch unterschiedliche körperliche, kognitive und emotionale Meilensteine gekennzeichnet sind. Um altersgerechtes Verhalten anzuerkennen und zu respektieren, muss die Vielfalt der individuellen Unterschiede innerhalb jeder Altersgruppe anerkannt und ein Umfeld geschaffen werden, das eine gesunde Entwicklung fördert. Dieser Abschnitt befasst sich mit der Bedeutung von altersgerechtem Verhalten, dem Einfluss von Entwicklungsstadien und der Bedeutung der Berücksichtigung individueller Unterschiede bei der Förderung positiver Ergebnisse von Kindern.

Altersgerechtes Verhalten ist eng mit den Entwicklungsstadien verbunden und umfasst die körperlichen, sozialen, emotionalen und kognitiven Veränderungen, die Kinder im Laufe ihres Wachstums durchlaufen. Säuglinge zeigen zum Beispiel altersgerechtes Verhalten, wenn sie auf Reize reagieren, grundlegende motorische Fähigkeiten entwickeln und frühe Bindungen zu Bezugspersonen aufbauen. Kleinkinder erkunden ihre Umgebung, entwickeln Sprachkenntnisse und behaupten ihre Selbstständigkeit. Kinder im Vorschulalter beschäftigen sich mit fantasievollem Spielen, verfeinern ihre motorischen Fähigkeiten und entwickeln soziale Fähigkeiten durch Interaktionen mit Gleichaltrigen. Kinder im Schulalter bauen ihre sozialen Netzwerke weiter aus, verfeinern ihre kognitiven Fähigkeiten und schaffen ein Gefühl der Identität. Jugendliche durchlaufen erhebliche emotionale und mentale Veränderungen, wenn sie ins Erwachsenenalter übergehen. Das Verständnis dieser Entwicklungsphasen bietet einen Rahmen für die Beurteilung und Wertschätzung von altersgerechtem Verhalten.

Der Einfluss von Entwicklungsmeilensteinen auf das Verhalten zeigt sich in den unterschiedlichen Ausdrucksweisen von Kindern in verschiedenen Altersstufen. Zum Beispiel können die Wutanfälle eines Kleinkindes eine entwicklungsgerechte Reaktion auf Frustration sein, da es noch lernt, seine Emotionen zu regulieren. Umgekehrt stimmt der Wunsch eines Kindes im Schulalter nach Autonomie und der Beherrschung bestimmter Fähigkeiten mit seinem Entwicklungsstadium überein. Die Erkundung von Identität, Werten und Unabhängigkeit durch Jugendliche spiegelt die natürliche Entwicklung zum Erwachsenenalter wider. Das Erkennen dieser altersbedingten Verhaltensweisen ermöglicht es Erwachsenen, mit Empathie und Verständnis zu reagieren und ein unterstützendes Umfeld zu schaffen, das eine optimale Entwicklung fördert.

Es ist wichtig zu beachten, dass Entwicklungsmeilensteine zwar einen allgemeinen Rahmen vorgeben, individuelle Variationen jedoch eine wichtige Rolle bei der Gestaltung des Verhaltens spielen. Kinder derselben Altersgruppe können Unterschiede im Temperament, im Lernstil und in soziokulturellen Einflüssen aufweisen, die sich auf ihr Verhalten auswirken. Einige Kinder können bestimmte Meilensteine früher oder später erreichen als ihre

Altersgenossen, und diese Variationen tragen zum reichen Teppich der menschlichen Entwicklung bei. Die einzigartige Kombination aus genetischen Faktoren, Umwelteinflüssen und persönlichen Erfahrungen trägt zur Individualität des Verhaltens bei. Daher ist es entscheidend, diese Unterschiede anzunehmen und zu berücksichtigen, um das Wohlbefinden jedes Kindes zu fördern und ein positives Selbstgefühl zu fördern.

Die Rolle von Betreuern, Eltern und Pädagogen bei der Steuerung altersgerechten Verhaltens ist von entscheidender Bedeutung. Um ein Umfeld zu schaffen, das eine gesunde Entwicklung unterstützt, müssen altersgerechte Reize, Erkundungsmöglichkeiten und positive Verstärkung bereitgestellt werden. Betreuer können altersgerechtes Verhalten fördern, indem sie altersspezifisches Spielzeug, Aktivitäten und Herausforderungen anbieten, die auf den aktuellen Entwicklungsstand eines Kindes abgestimmt sind. Darüber hinaus fördert eine sichere und fürsorgliche Atmosphäre Vertrauen, emotionale Regulierung und eine gesunde Bindung, die für ein altersgerechtes Verhalten unerlässlich sind.

Auch Disziplinierungs- und Beratungsstrategien sollten auf den Entwicklungsstand des Kindes zugeschnitten sein. Effektive Disziplin beinhaltet das Setzen klarer und konsistenter Erwartungen, das Bereitstellen entwicklungsgerechter Konsequenzen und das Anbieten positiver Verstärkung für gewünschte Verhaltensweisen. Zum Beispiel kann ein Vorschulkind gut auf eine Auszeit reagieren, weil es nicht teilt, während ein Teenager mehr davon profitieren könnte, über Verantwortung und Rechenschaftspflicht zu sprechen. Das Verständnis des Entwicklungsstandes des Kindes stellt sicher, dass die Disziplin konstruktiv ist und seine sich entwickelnden Fähigkeiten respektiert.

Die Förderung altersgerechten Verhaltens erstreckt sich nicht nur auf das Zuhause, sondern auch auf Bildungseinrichtungen. Lehrkräfte spielen eine entscheidende Rolle bei der Gestaltung von

Klassenzimmern, die den unterschiedlichen Bedürfnissen der Schülerinnen und Schüler in verschiedenen Entwicklungsphasen gerecht werden. Unterrichtspläne, Aktivitäten und Erwartungen sollten auf die kognitiven und sozialen Fähigkeiten der Schüler abgestimmt sein. Die Bereitstellung altersgerechter Herausforderungen und Möglichkeiten zur Erkundung ermöglicht es den Schülern, sich effektiv auf den Lernprozess einzulassen. Darüber hinaus sollten Pädagogen auf individuelle Unterschiede innerhalb des Klassenzimmers eingestellt sein und erkennen, dass jedes Kind einzigartige Stärken und Herausforderungen mit sich bringt.

Bei der Förderung altersgerechten Verhaltens kann die Bedeutung positiver Vorbilder nicht hoch genug eingeschätzt werden. Erwachsene beeinflussen das Verhalten eines Kindes, und ihre Handlungen, Einstellungen und Reaktionen prägen das Verständnis des Kindes für angemessenes Verhalten. Die Förderung eines angenehmen Verhaltensumfelds wird durch die Demonstration von Empathie, effektiver Kommunikation und Problemlösungstechniken erleichtert. Betreuer und Pädagogen müssen die Werte und Verhaltensweisen vorleben, die sie in der jüngeren Generation etablieren wollen, da Kinder oft das Verhalten imitieren, das sie bei Erwachsenen sehen.

Durch die Zusammenarbeit von Eltern, Pädagogen und Fachleuten für psychische Gesundheit können Verhaltensschwierigkeiten effektiv angegangen werden. Einige Verhaltensprobleme können Anzeichen für emotionale Schwierigkeiten, Lernschwierigkeiten oder Entwicklungsprobleme sein. Die Beratung durch Experten ermöglicht eine gründliche Bewertung der Bedürfnisse eines Kindes und die Erstellung gezielter Interventionen, die ein angemessenes Verhalten für sein Alter fördern. Frühzeitige Intervention und Zusammenarbeit zwischen vielen Akteuren beeinflussen positive Ergebnisse für Kinder mit Verhaltensproblemen.

Während altersgerechtes Verhalten einen hilfreichen Rahmen bietet, ist es wichtig, die Bedeutung individueller Unterschiede und die potenziellen Auswirkungen externer Faktoren auf das Verhalten zu erkennen. Kinder mit unterschiedlichen Fähigkeiten, Hintergründen und Erfahrungen können Unterschiede in ihren Entwicklungsverläufen aufweisen. Faktoren wie Familiendynamik, sozioökonomische Bedingungen und kulturelle Einflüsse tragen zur Komplexität des Verhaltensprofils jedes Kindes bei. Daher stellt eine ganzheitliche und integrative Perspektive sicher, dass Interventionen und Unterstützungssysteme auf die individuellen Bedürfnisse jedes Kindes eingehen.

Zusammenfassend lässt sich sagen, dass das Verständnis und die Förderung altersgerechten Verhaltens darin besteht, den Einfluss von Entwicklungsstadien zu erkennen, individuelle Variationen anzuerkennen und ein Umfeld zu schaffen, das ein gesundes Wachstum unterstützt. Betreuer, Eltern und Pädagogen sind von entscheidender Bedeutung, wenn es darum geht, Kinder auf ihrem Entwicklungsweg zu begleiten, indem sie altersspezifische Herausforderungen, positive Bestärkung und effektive Disziplin anbieten. Durch die Förderung eines positiven Verhaltensumfelds, das Entwicklungsmeilensteine und individuelle Unterschiede berücksichtigt, tragen Erwachsene zum ganzheitlichen Wohlbefinden von Kindern bei, fördern ihr Potenzial und gestalten ihr positives Engagement für die Welt.

Die Unvollkommenheit annehmen

In einer Gesellschaft, die oft Perfektion verherrlicht, ist die Akzeptanz der Unvollkommenheit ein Gegengewicht – eine tiefgründige Philosophie, die den Einzelnen dazu ermutigt, Schönheit und Stärke in seinen Fehlern, Fehlern und Verletzlichkeiten zu finden. Das Streben nach Perfektion kann ein kräftezehrendes und unerreichbares Ziel sein, das Sorgen, Unsicherheit und eine anhaltende Angst vor dem Versagen hervorruft. Im Gegensatz dazu lädt die Akzeptanz der Unvollkommenheit zu einem Perspektivenwechsel ein, der die inhärente Menschlichkeit anerkennt, Fehler zu machen, Rückschläge zu erleben und nicht immer die gesellschaftlichen oder persönlichen Erwartungen zu erfüllen. In diesem Abschnitt wird untersucht, wie wichtig es ist, Unvollkommenheit als transformativen und ermächtigenden Lebensansatz anzunehmen, und betont ihre Auswirkungen auf Authentizität, Resilienz und persönliches Wachstum.

Im Kern der Akzeptanz der Unvollkommenheit liegt die Erkenntnis, dass Perfektion eine Illusion ist. Der gesellschaftliche Druck, makellosen Standards zu entsprechen, sei es in Bezug auf Aussehen, Leistungen oder Beziehungen, kann einen heimtückischen Kreislauf des Vergleichens und der Selbstverurteilung in Gang setzen. Das Streben nach Perfektion führt oft zu einem verzerrten Selbstbild, in dem Individuen eine idealisierte Version ihrer selbst präsentieren müssen, die sich hinter einer Fassade der Makellosigkeit versteckt. Das Akzeptieren von Fehlern bricht diese Fassade zusammen und ermöglicht es den Menschen, sich mit ihrem wahren Selbst zu verbinden und ein wahres Selbstgefühl zu entwickeln.

Authentizität, ein Eckpfeiler der Akzeptanz von Unvollkommenheit, beinhaltet die Annahme des eigenen wahren Selbst, komplett mit Stärken und Schwächen. Es geht darum, echte Emotionen, Gedanken und Erfahrungen anzuerkennen und auszudrücken, ohne Angst vor Verurteilung zu haben. Authentische Menschen fördern tiefere Verbindungen zu anderen, da ihre Offenheit und Verletzlichkeit eine Atmosphäre des Vertrauens und der Verbundenheit schaffen. Indem sie die Unvollkommenheit annehmen, befreien sich Individuen von den Zwängen gesellschaftlicher Erwartungen und nehmen die Schönheit ihres authentischen Selbst an.

Der Prozess, resilient zu werden, ist eng damit verbunden, zu lernen, Unvollkommenheiten zu akzeptieren. Die Fähigkeit, Hindernisse, Enttäuschungen oder Rückschläge mit neuer Kraft und Einsicht zu überwinden, wird als Resilienz bezeichnet. Die Akzeptanz von Unvollkommenheit stellt Misserfolge als Chancen für Lernen und Wachstum dar und nicht als Indikatoren für Unzulänglichkeit. Wenn Menschen die Angst, Fehler zu machen, loslassen, werden sie widerstandsfähiger gegenüber Widrigkeiten. Diese Resilienz ermöglicht es ihnen, die Unsicherheiten des Lebens mit Anpassungsfähigkeit und Ausdauer zu meistern.

Im Bereich der persönlichen Beziehungen fördert das Annehmen von Unvollkommenheit gesündere und authentischere Verbindungen. In romantischen Beziehungen kann der Druck, ein makelloser Partner zu sein, unrealistische Erwartungen wecken und echte Intimität behindern. Die Akzeptanz von Unvollkommenheit ermöglicht es dem Einzelnen, seine Verletzlichkeit zu teilen und seine Bedürfnisse und Ängste offen zu kommunizieren. Diese Verletzlichkeit stärkt die Bindung zwischen den Partnern, wenn sie die Komplexität einer Beziehung mit Empathie, Verständnis und gegenseitiger Unterstützung meistern.

Auch die Erziehung ist zutiefst von der Philosophie beeinflusst, die Unvollkommenheit zu akzeptieren. Eltern, die ihre Unvollkommenheiten erkennen und akzeptieren, schaffen ein fürsorglicheres und verzeihenderes Umfeld für ihre Kinder. Dieser Ansatz vermittelt Kindern eine gesündere Perspektive auf Versagen und Unvollkommenheit, stattet sie mit wichtigen Lebenskompetenzen aus und fördert ein positives Selbstbild.

Der Arbeitsplatz ist ein weiterer Bereich, in dem der Druck zur Perfektion allgegenwärtig sein kann. Mitarbeiter, die nach Perfektion streben, können unter Burnout, Angstzuständen und verminderter Kreativität leiden. Um Unvollkommenheit am Arbeitsplatz zu akzeptieren, muss man erkennen, dass Innovation oft aus Versuch und Irrtum entsteht. Die Schaffung einer Kultur, die Fehler als Lernmöglichkeiten wertschätzt, fördert ein kollaborativeres und anpassungsfähigeres Arbeitsumfeld. Es ermöglicht Einzelpersonen, Risiken einzugehen, kreative Ideen auszutauschen und Herausforderungen mit einer wachstumsorientierten Denkweise anzugehen.

Die Darstellung von Perfektion in den Medien, die durch die sozialen Medien verstärkt wird, trägt zu dem allgegenwärtigen Druck bei, den der Einzelne verspürt, sich idealisierten Standards anzupassen. Die Akzeptanz der Unvollkommenheit stellt die unrealistischen Narrative in Frage, die die Medien aufrechterhalten, und ermutigt den Einzelnen, seine einzigartigen Qualitäten zu feiern, anstatt nach einem unerreichbaren Ideal zu streben. Bei bewusster Nutzung können Social-Media-Plattformen zu Räumen für authentischen Selbstausdruck, echte Verbundenheit und das Zelebrieren unterschiedlicher Perspektiven werden.

Der Weg, Unvollkommenheit anzunehmen, besteht darin, Selbstmitgefühl zu kultivieren – eine mitfühlende und verständnisvolle Haltung sich selbst gegenüber im Angesicht von Misserfolgen oder Widrigkeiten. Selbstmitgefühl ermöglicht es dem Einzelnen, seine Unvollkommenheiten anzuerkennen, ohne sich selbst zu verurteilen. Es geht darum, sich selbst mit der gleichen Freundlichkeit und dem gleichen Verständnis zu behandeln, wie man es einem Freund entgegenbringen würde, der vor ähnlichen Herausforderungen steht. Durch Selbstmitgefühl entwickelt der Einzelne eine widerstandsfähigere und positivere Beziehung zu sich selbst und schafft so eine Grundlage, um Unvollkommenheit anzunehmen.

Die Teilnahme an Achtsamkeitsaktivitäten ist auch für den Prozess des Akzeptierens von Unvollkommenheiten unerlässlich. Achtsamkeit bedeutet, im Moment präsent zu sein und Gedanken und Gefühle nicht zu bewerten. Durch das Üben von Achtsamkeit kann der Einzelne das Bewusstsein für seinen inneren Dialog kultivieren und perfektionistische Tendenzen in Frage stellen. Achtsamkeit fördert eine akzeptablere und mitfühlendere Beziehung zu sich selbst und fördert die Wertschätzung für den Reichtum der Unvollkommenheiten des Lebens.

Ein zentraler Aspekt der Akzeptanz von Unvollkommenheit besteht darin, Misserfolge als Sprungbretter zum Wachstum neu zu definieren. Misserfolge und Fehler sind inhärente Bestandteile der menschlichen Erfahrung und bieten wertvolle Lektionen und Möglichkeiten zur Selbstfindung. Dieser Mentalitätswandel verwandelt Rückschläge in Katalysatoren für die persönliche und berufliche Entwicklung.

Unvollkommenheit zu akzeptieren ist nicht gleichbedeutend mit Selbstgefälligkeit oder mangelndem Ehrgeiz. Stattdessen geht es darum, sich realistische Ziele zu setzen, Grenzen anzuerkennen und zu erkennen, dass der Weg zur Selbstverbesserung im Gange ist. Das Streben nach Exzellenz und das Verfolgen von Zielen wird zu einem positiven und motivierten Unterfangen und nicht zu einer Quelle unerbittlichen Drucks. Dieser Ansatz ermöglicht es dem Einzelnen, seine Fortschritte zu würdigen und Erfolge zu feiern, ohne von wahrgenommenen Mängeln überschattet zu werden.

Auch die Gesellschaft spielt eine Rolle bei der Förderung eines Umfelds, das die Philosophie der Akzeptanz der Unvollkommenheit unterstützt. Der Abbau gesellschaftlicher Erwartungen und Normen, die das Streben nach Perfektion aufrechterhalten, erfordert kollektive Anstrengungen. Indem sie unrealistische Schönheitsideale, akademischen Druck und starre Geschlechterrollen in Frage stellt, kann die Gesellschaft Raum für unterschiedliche Ausdrucksformen von Identität und Erfolg schaffen. Das Zelebrieren von Authentizität und Unvollkommenheit auf gesellschaftlicher Ebene trägt zum Wohlbefinden des Einzelnen bei und fördert eine integrativere und mitfühlendere Kultur.

Zusammenfassend lässt sich sagen, dass die Akzeptanz der Unvollkommenheit eine transformative Philosophie ist, die das unermüdliche Streben nach Perfektion in verschiedenen Aspekten des Lebens herausfordert. Menschen kultivieren Authentizität, Widerstandsfähigkeit und ein positives Selbstgefühl, indem sie ihre Schwächen,

Fehler und Verletzlichkeiten anerkennen und feiern. Dieser Mentalitätswandel erstreckt sich auch auf persönliche Beziehungen, Elternschaft, den Arbeitsplatz und gesellschaftliche Erwartungen und fördert eine gesündere Dynamik und eine mitfühlendere Kultur. Unvollkommenheit zu akzeptieren bedeutet nicht, sich mit Mittelmäßigkeit zufrieden zu geben; Stattdessen bedeutet es, die intrinsische Schönheit des fehlerhaften Weges zu schätzen, der das Menschsein definiert – ein Weg voller Entwicklung, Bildung und vielfältiger Erfahrungen, die uns zu den Menschen formen, die wir tatsächlich sind.

KAPITEL V

Techniken zur Aggressionsbewältigung für Eltern

Tiefenatmung und Entspannungsübungen

Im schnelllebigen Rhythmus des modernen Lebens, der von ständigen Anforderungen und Zwängen geprägt ist, kann die Bedeutung der Kultivierung von Momenten der Ruhe und Entspannung nicht hoch genug eingeschätzt werden. Tiefe Atem- und Entspannungsübungen erweisen sich dabei als unschätzbare Werkzeuge, die ein Tor zu einer harmonischen Verbindung zwischen Geist und Körper bieten. Diese Techniken, die in alten Praktiken aus verschiedenen Kulturen verwurzelt sind und von modernen Wellness-Ansätzen übernommen werden, bieten Menschen zugängliche und effektive Mittel, um Stress zu bewältigen, das psychische Wohlbefinden zu verbessern und die allgemeine Gesundheit zu fördern. In diesem Abschnitt wird die tiefgreifende Wirkung von tiefen Atem- und Entspannungsübungen untersucht und aufgezeigt, wie diese Praktiken zum Stressabbau, zum emotionalen Gleichgewicht und zu einem gesteigerten Selbstbewusstsein beitragen.

Im Mittelpunkt der tiefen Atem- und Entspannungsübungen steht das Verständnis der komplizierten Beziehung zwischen Geist und Körper. Die physiologischen und psychologischen Reaktionen auf Stress, allgemein bekannt als Kampf-oder-Flucht-Reaktion, lösen eine Kaskade von Reaktionen aus, darunter erhöhte Herzfrequenz, flache Atmung und erhöhte Muskelspannung. Tiefes Atmen gleicht diese Stressreaktion aus und aktiviert das parasympathische Nervensystem, das oft als "Ruhe- und Verdauungssystem" bezeichnet wird. Durch die bewusste Verlangsamung der Atmung und Entspannungsübungen löst der Einzelne eine Entspannungsreaktion aus, die den physiologischen Auswirkungen von Stress entgegenwirkt und einen Zustand der Ruhe und Ausgeglichenheit fördert.

Eines der grundlegenden Elemente tiefer Atemübungen ist die Zwerchfellatmung, auch Bauch- oder Bauchatmung genannt. Atmen Sie bei dieser Methode tief durch die Nasenlöcher ein. Du erlaubst dem Zwerchfell, sich auszudehnen, und atmest langsam durch geschürzte Lippen aus. Ein besserer Sauerstoff- und Kohlendioxidaustausch wird durch die Zwerchfellatmung gefördert, die auch die Nutzung des Zwerchfells verbessert – eines großen Muskels, der sich zwischen Brustkorb und Bauch befindet. Diese bewusste, bewusste Atmung verbessert den Sauerstofffluss und fördert das Gefühl der Zufriedenheit und Ruhe.

Achtsames Atmen, ein zentraler Bestandteil von Entspannungsübungen, lässt sich von Achtsamkeits- und Meditationspraktiken inspirieren. Es geht darum, die volle Aufmerksamkeit auf den gegenwärtigen Moment zu richten und sich auf das Ein- und Ausatmen jedes Atemzugs zu konzentrieren. Achtsames Atmen ermutigt den Einzelnen, seine Gedanken ohne Urteil zu beobachten und seine Aufmerksamkeit sanft wieder auf den Atem zu lenken, wenn Ablenkungen auftreten. Dieses erhöhte Bewusstsein kultiviert ein Gefühl der Achtsamkeit, fördert geistige Klarheit, Stressabbau und eine erhöhte Fähigkeit, herausfordernde Situationen zu bewältigen.

Die Progressive Muskelentspannung (PMR) ist eine weitere effektive Entspannungstechnik, die tiefe Atemübungen ergänzt. Die PMR wurde Anfang des 20. Jahrhunderts von Dr. Edmund Jacobson entwickelt und beinhaltet die systematische Anspannung und Entspannung verschiedener Muskelgruppen im ganzen Körper. Menschen können durch diese Methode Muskelverspannungen lösen und eine tiefe körperliche und geistige Gelassenheit erreichen. Es hilft den Menschen auch, sich besser auf die körperlichen

Empfindungen von Anspannung und Entspannung einzustimmen.

Tiefenatmungs- und Entspannungstechniken können Menschen helfen, Stress sofort abzubauen, aber sie wurden auch mit vielen anderen positiven Auswirkungen auf Körper und Geist in Verbindung gebracht. Die Forschung deutet darauf hin, dass die regelmäßige Anwendung dieser Techniken zu einer Senkung des Blutdrucks, einer verbesserten Immunfunktion und einer verbesserten kardiovaskulären Gesundheit beitragen kann. Zu den psychologischen Vorteilen gehören außerdem weniger Angstzustände, eine verbesserte Stimmung und eine bessere Schlafqualität. Die Geist-Körper-Verbindung, die durch tiefe Atem- und Entspannungsübungen gefördert wird, bietet einen ganzheitlichen Ansatz für das Wohlbefinden und erkennt das komplizierte Zusammenspiel zwischen geistiger und körperlicher Gesundheit an.

Akuter oder chronischer Stress ist ein allgegenwärtiges Element des modernen Lebens, das Menschen aus verschiedenen Lebensbereichen betrifft. Insbesondere der Arbeitsplatz ist für viele zu einer häufigen Stressquelle geworden, mit anspruchsvollen Zeitplänen, hohen Erwartungen und der ständigen Konnektivität, die durch Technologie erleichtert wird. Tiefes Atmen und Entspannungsübungen bieten eine praktische und zugängliche Lösung für die Stressbewältigung am Arbeitsplatz. Die Integration kurzer Pausen zum tiefen Durchatmen oder die Integration von Achtsamkeit in die tägliche Routine befähigt den Einzelnen, arbeitsbezogene Herausforderungen mit größerer Belastbarkeit und Gelassenheit zu meistern.

Auch Bildungseinrichtungen profitieren von der Integration von tiefen Atem- und Entspannungsübungen. Studierende, die mit akademischem Druck und den Anforderungen einer sich schnell verändernden Bildungslandschaft konfrontiert sind, erleben oft ein erhöhtes Stressniveau. Die Integration dieser Praktiken in die schulische Umgebung kann eine unterstützende

Atmosphäre schaffen, die die emotionale Regulierung, Konzentration und das allgemeine Wohlbefinden fördert. Achtsame Atemübungen wurden in Schulen als Teil von achtsamkeitsbasierten Programmen eingeführt und tragen zu einer verbesserten Konzentration, emotionalem Gleichgewicht und einer positiven Klassenkultur bei.

Besonders hervorzuheben ist der Zusammenhang

zwischen tiefen Atem- und Entspannungsübungen und der psychischen Gesundheit. Angstzustände und Depressionen, weit verbreitete psychische Probleme, können durch das regelmäßige Üben dieser Techniken erheblich beeinflusst werden. Tiefe Atem- und Entspannungsübungen bieten dem Einzelnen ein greifbares und stärkendes Werkzeug, um die Symptome zu bewältigen, die physiologischen Auswirkungen von Stress zu reduzieren und eine positivere mentale Einstellung zu kultivieren. Darüber hinaus stehen diese Praktiken im Einklang mit therapeutischen Ansätzen wie der achtsamkeitsbasierten kognitiven Therapie (MBCT), die Achtsamkeitspraktiken mit kognitiver Verhaltenstherapie integriert, um das Wiederauftreten depressiver Episoden zu verhindern.

Chronische Schmerzzustände, die oft mit Stress und

Anspannung verbunden sind, werden auch durch Entspannungsübungen gelindert. Es hat sich gezeigt, dass Erkrankungen wie Fibromyalgie, Migräne und Spannungskopfschmerzen positiv auf Entspannungstechniken reagieren. Durch die Reduzierung von Muskelverspannungen, die Förderung eines Gefühls der Ruhe und die Veränderung der Schmerzwahrnehmung werden tiefe Atemübungen zu wertvollen Ergänzungen zur umfassenden Behandlung chronischer Schmerzen.

Schwangerschaft und Geburt stellen Phasen im Leben einer Frau dar, in denen die Vorteile von Entspannungsübungen besonders ausgeprägt sind. Pränatales Yoga, tiefes Atmen und progressive Muskelentspannung werden werdenden Müttern häufig empfohlen, um Stress zu bewältigen, Beschwerden zu lindern und sich auf die Geburt vorzubereiten. Darüber hinaus fördern Entspannungstechniken ein positives Geburtserlebnis, indem sie eine ruhige und konzentrierte Denkweise fördern, die Schmerzbehandlung erleichtern und eine unterstützende Geburtsumgebung fördern.

Um tiefe Atem- und Entspannungsübungen in den Alltag zu integrieren, bedarf es keines umfangreichen Zeitaufwands oder spezieller Ausrüstung. Einfache Übungen, wie z. B. kurze Pausen für achtsames Atmen, die Einbeziehung der Zwerchfellatmung in Stressmomente oder ein paar Minuten der progressiven Muskelentspannung zu widmen, können erhebliche Vorteile bringen. Diese Ansätze sind für Menschen unterschiedlichen Alters, Fitnessniveaus und Lebensstils geeignet, da sie leicht zugänglich sind.

Der technologische Fortschritt hat auch die Integration von tiefen Atem- und Entspannungsübungen in digitale Plattformen erleichtert. Mobile Anwendungen, Online-Ressourcen und virtuelle Kurse bieten geführte Sitzungen, Atemübungen und Entspannungstechniken, die auf die individuellen Vorlieben zugeschnitten sind. Diese digitalen Tools bieten Flexibilität und Komfort und ermöglichen es dem Einzelnen, Entspannungspraktiken unabhängig von Standort oder Tagesablauf zu integrieren.

Während tiefe Atem- und Entspannungsübungen tiefgreifende Vorteile bieten, ist es wichtig anzuerkennen, dass die individuellen Vorlieben und Reaktionen variieren. Was für den einen funktioniert, muss bei einem anderen nicht gut ankommen. Daher erhöht das Erforschen verschiedener Techniken, die Suche nach Anleitung durch qualifizierte Ausbilder und die Anpassung der Praktiken an die individuellen Bedürfnisse die Wirksamkeit dieser Übungen. Der Schwerpunkt liegt nicht auf Perfektion oder dem Einhalten einer starren Routine, sondern auf der Kultivierung eines personalisierten und nachhaltigen Entspannungsansatzes.

Zusammenfassend lässt sich sagen, dass tiefe Atem- und Entspannungsübungen starke Verbündete bei der Suche nach Wohlbefinden angesichts der Belastungen und Herausforderungen des Lebens sind. Durch die Nutzung der Verbindung zwischen Geist und Körper bieten diese Praktiken ein Tor zum Stressabbau, zum emotionalen Gleichgewicht und zur Steigerung des Selbstbewusstseins. Für diejenigen, die ihre allgemeine Gesundheit und Vitalität verbessern möchten, sind tiefe Atem- und Entspannungstechniken hilfreiche und leicht zugängliche Werkzeuge. Dazu gehören die Behandlung chronischer Schmerzen, die Bewältigung von Stress am Arbeitsplatz, die Behandlung psychischer Gesundheitsprobleme und die Erleichterung des Übergangs in die Schwangerschaft. Entschleunigung, Aufmerksamkeit für unseren Atem und das Genießen friedlicher Momente werden sowohl zu einem Luxus als auch zu einem wesentlichen Bestandteil eines abgerundeten und wohlhabenden Lebens, während wir die Komplexität des modernen Lebens durchqueren.

Auszeiten für Eltern

Zweifellos ist eine der erfüllendsten und herausforderndsten Aufgaben, die ein Mensch haben kann, Eltern zu werden. Von den schlaflosen Nächten im Säuglingsalter bis hin zu den turbulenten Teenagerjahren navigieren Eltern mit vielen Emotionen, Verantwortung und ständigen Anpassungen. In diesem komplizierten Tanz der Fürsorge und Führung wird es für Eltern unerlässlich, die Bedeutung der Selbstfürsorge zu erkennen. Inmitten der Anforderungen des täglichen Lebens erweist sich das Konzept der "Auszeiten für Eltern" als wertvolle Strategie, die Momente der Ruhe, Reflexion und Verjüngung bietet. Dieser Abschnitt befasst sich mit der Bedeutung von Auszeiten für Eltern und befasst sich mit den potenziellen Vorteilen, der praktischen Umsetzung und den tiefgreifenden Auswirkungen, die diese Pausen auf das Wohlbefinden von Eltern und ihren Familien haben können.

Elternschaft ist eine facettenreiche Reise, die ein kontinuierliches emotionales, körperliches und geistiges Engagement erfordert. Die unerbittliche Natur der elterlichen Verantwortung, gepaart mit den sich entwickelnden Bedürfnissen der Kinder, kann zu Erschöpfung, Überforderung und Burnout führen. Das Erkennen der Anzeichen von elterlichem Stress ist der erste Schritt, um die Notwendigkeit von Auszeiten zu verstehen. Symptome wie Reizbarkeit, anhaltende Müdigkeit, Veränderungen des Schlafverhaltens und eine Abnahme des emotionalen Wohlbefindens signalisieren, wie wichtig es ist, der Selbstfürsorge Priorität einzuräumen. Auszeiten für Eltern dienen als vorbeugende und erholsame Maßnahme, die es dem Einzelnen ermöglicht, einen Schritt zurückzutreten, neue Energie zu tanken und mit mehr Resilienz und Klarheit in seine Elternrolle zurückzukehren.

Der Begriff "Auszeit" wird oft mit seiner Anwendung in der Kinderdisziplin in Verbindung gebracht, bei der ein Kind vorübergehend aus einer herausfordernden Situation herausgenommen wird, um die Fassung wiederzuerlangen. Wenn es auf Eltern angewendet wird, verschiebt sich das Konzept von Disziplin zu Selbstfürsorge und bietet die Möglichkeit, sich vorübergehend von den Anforderungen der Elternschaft zu lösen. Diese Pausen deuten nicht auf Vernachlässigung oder Vermeidung hin, sondern sind ein proaktiver Ansatz zur Aufrechterhaltung des elterlichen Wohlbefindens und der psychischen Gesundheit. Indem Eltern das Bedürfnis nach Momenten der Einsamkeit und Verjüngung anerkennen, können sie einen gesünderen und nachhaltigeren Umgang mit ihrer Rolle fördern.

Zu den Auszeiten für Eltern gehören verschiedene Formen der Selbstfürsorge, die von kurzen Momenten der Einsamkeit bis hin zu längeren Pausen reichen. Kurze Pausen können darin bestehen, nach draußen zu gehen, um frische Luft zu schnappen, eine Weile tief zu atmen oder eine kurze Achtsamkeitsaktivität durchzuführen. Ausgedehnte Ferien können die Planung eines freien Tages beinhalten, um bestimmte Hobbys zu erkunden, einen Wochenendausflug zu planen oder sich an angenehmen und anregenden Aktivitäten zu beteiligen. Das Geheimnis besteht darin, Auszeiten an den persönlichen Geschmack und die persönlichen Anforderungen anzupassen und zu verstehen, dass Selbstfürsorge die Reise eines Einzelnen ist.

Die Vorteile von Auszeiten für Eltern gehen über das individuelle Wohlbefinden hinaus. Sie schaffen ein positives und förderndes familiäres Umfeld. Wenn Eltern der Selbstfürsorge Priorität einräumen, leben sie vor, wie wichtig es ist, das geistige und emotionale Gleichgewicht aufrechtzuerhalten. Kinder beobachten ihre Eltern als Individuen mit Bedürfnissen, Grenzen und Bewältigungsmechanismen und fördern so von klein auf ein gesundes Verständnis von Selbstfürsorge. Darüber hinaus sind Eltern, die sich um sich selbst kümmern, besser in der Lage, mit elterlichen Herausforderungen umzugehen, Kindern mit Geduld und Einfühlungsvermögen zu begegnen und eine harmonischere Familiendynamik aufrechtzuerhalten.

Die Implementierung von Auszeiten für Eltern erfordert ein Umdenken – die Erkenntnis, dass Selbstfürsorge kein Luxus ist, sondern ein grundlegender Aspekt einer effektiven Elternschaft. Die Überwindung von Schuldgefühlen oder Gefühlen des Egoismus ist entscheidend; Eltern müssen erkennen, dass die Fürsorge für sich selbst die Fähigkeit stärkt, sich um andere zu kümmern. Die Kommunikation innerhalb einer Elternpartnerschaft ist von entscheidender Bedeutung, um sicherzustellen, dass beide Partner das Bedürfnis des anderen nach Auszeiten verstehen und unterstützen. Die gemeinsame Etablierung einer Routine, die Pausen für jeden Elternteil vorsieht, kann zu einer ausgewogeneren und unterstützenderen Erziehungsdynamik beitragen.

Auszeiten in den Alltag zu integrieren, erfordert Planung und Engagement. Es ist wichtig, einen Zeitplan zu erstellen, der Momente der Selbstfürsorge enthält, bestimmte Tage für längere Pausen festzulegen und diese Pläne mit Co-Eltern oder Unterstützungsnetzwerken zu kommunizieren. Der Aufbau eines Unterstützungsnetzwerks für Alleinerziehende, sei es durch Freunde, Familie oder Ressourcen der Gemeinschaft, ist von größter Bedeutung. Es braucht ein ganzes Dorf, um ein Kind großzuziehen, und das Bedürfnis nach Unterstützung und Erholung anzuerkennen, ist eine Stärke, keine Schwäche.

Praktische Strategien für Auszeiten können je nach individuellen Vorlieben und Umständen variieren. Für manche kann die Integration von Achtsamkeitspraktiken in die tägliche Routine, wie Meditation oder Yoga, eine kurze, aber wirkungsvolle Pause sein. Andere finden Trost in Hobbys, beim Lesen oder in der Natur. Der Schlüssel liegt darin, Dinge zu finden, die dich glücklich, entspannt und erfüllt machen. Effektive Auszeiten können auch dadurch erleichtert werden, dass ein physischer Bereich im Haus für ruhiges Denken bestimmt wird, z. B. ein privates Refugium oder eine angenehme Ecke.

Der Arbeitsplatz, häufig eine erhebliche Stressursache für Eltern, ist für den Erfolg von Auszeitmaßnahmen von entscheidender Bedeutung. Eltern können Selbstfürsorge effektiver in ihren Alltag integrieren, wenn sie flexible Arbeitszeiten, Telearbeitsmöglichkeiten und familienfreundliche Richtlinien haben. Organisationen, die eine Kultur des Verständnisses und der Unterstützung für elterliche Pflichten fördern, fördern das allgemeine Wohlbefinden der Mitarbeiter.

Angesichts der Häufigkeit von elterlichem Stress und Burnout sind die Auswirkungen von Auszeiten auf die psychische Gesundheit der Eltern erheblich. Langfristiger Stress kann psychische Erkrankungen wie Angstzustände und Depressionen verschlimmern, was sich sowohl auf das allgemeine Wohlbefinden als auch auf die Qualität der Eltern-Kind-Beziehungen auswirken kann. Auszeiten ermöglichen es Eltern, Gefühle zu verarbeiten, Perspektiven zu gewinnen und Bewältigungsmechanismen zu schaffen, während sie gleichzeitig als Puffer gegen die kumulativen Auswirkungen von Stress fungieren. Regelmäßige

Selbstfürsorge-Routinen sind mit erhöhter Resilienz, glücklicheren Stimmungen und optimistischeren Elternperspektiven verbunden.

Während die Vorteile von Auszeiten oder Eltern erheblich sind, ist es wichtig, potenzielle Hindernisse für die Umsetzung zu erkennen. Zu den häufigsten Hindernissen gehören Schuldgefühle, wahrgenommene gesellschaftliche Erwartungen und der Glaube, dass eine effektive Elternschaft ständige Opfer erfordert. Um diese Barrieren zu überwinden, müssen gesellschaftliche Narrative rund um die Elternschaft in Frage gestellt werden, das persönliche Wohlbefinden ohne Schuldgefühle in den Vordergrund gestellt und die Selbstfürsorge als integraler Aspekt einer effektiven Elternschaft neu definiert werden. Aufklärung und Fürsprache über die Bedeutung der elterlichen Selbstfürsorge tragen zu einem kulturellen Scheiß bei, der diese Praktiken normalisiert und unterstützt.

Zusammenfassend lässt sich sagen, dass Auszeiten für Eltern ein wichtiger Bestandteil der Elternschaft sind – ein bewusster und proaktiver Ansatz zur Aufrechterhaltung des individuellen Wohlbefindens und zur Förderung eines positiven familiären Umfelds. Eltern können die Herausforderungen der Erziehung besser mit Anmut und Belastbarkeit bewältigen, indem sie Stresssymptome erkennen, der Selbstfürsorge Priorität einräumen und Momente der Erholung in die tägliche Routine einplanen. Die transformative Wirkung von Auszeiten geht über den Einzelnen hinaus, beeinflusst die Familiendynamik und schafft ein nährendes und ausgeglichenes häusliches Umfeld. Indem sie sich das Konzept der Auszeiten zu eigen machen, begeben sich Eltern auf eine Reise der Selbstfindung, des Selbstmitgefühls und der Kultivierung eines nachhaltigeren und erfüllenderen Ansatzes für die tiefgreifende Verantwortung der Erziehung der nächsten Generation.

Journaling und Reflexionspraktiken

Im komplizierten Geflecht menschlicher Erfahrung hat die Kunst der Introspektion eine tiefgreifende Bedeutung. Journaling wird zu einem effektiven Werkzeug für Menschen, die als reflektierende Praxis tief in ihre Ideen, Gefühle und Erfahrungen eintauchen möchten. Verwurzelt in alten Traditionen und aufgegriffen von der zeitgenössischen Psychologie, bietet das Tagebuchschreiben einen strukturierten Raum für Selbstausdruck, Selbstfindung und persönliches Wachstum. Dieser Abschnitt befasst sich mit dem facettenreichen Bereich des Tagebuchschreibens und der Reflexionspraktiken und zeigt die psychologischen Vorteile, praktischen Ansätze und transformativen Auswirkungen auf, die diese bewussten Übungen auf das Wohlbefinden und das allgemeine Gefühl der Erfüllung haben können.

Im Kern hält das Tagebuchschreiben die eigenen Gedanken, Gefühle und Erfahrungen auf Papier fest. Der Prozess beinhaltet die Übersetzung der inneren Abläufe des Geistes in geschriebene Worte, um eine greifbare Aufzeichnung der eigenen Lebensreise zu erstellen. Reflexive Praktiken, die mit dem Führen eines Tagebuchs verflochten sind, laden den Einzelnen ein, tiefer in seine Erfahrungen einzutauchen und die Nuancen seiner Emotionen und Denkmuster zu untersuchen. Der Akt der Introspektion, der durch das Führen eines Tagebuchs erleichtert wird, schlägt eine Brücke zwischen dem Bewussten und dem Unterbewussten und ermöglicht es dem Einzelnen, seine innere Landschaft mit größerer Klarheit und Verständnis zu navigieren.

Journaling hat mehrere signifikante psychologische Vorteile. Schreiben kann für Menschen eine therapeutische Befreiung sein, die es ihnen ermöglicht, schwierige Situationen zu verarbeiten, unverarbeitete Gefühle loszulassen und Katharsis zu erfahren. Dieser Prozess des emotionalen Ausdrucks trägt zum Stressabbau bei und bietet ein konstruktives und gesundes Mittel, um mit der Komplexität des Lebens umzugehen. Darüber hinaus wurde das Führen eines Tagebuchs mit einer verbesserten Stimmungsregulierung, einer gesteigerten Selbstwahrnehmung und einem größeren Gefühl des psychischen Wohlbefindens in Verbindung gebracht.

Das Führen eines Tagebuchs erleichtert die Kultivierung der Selbstwahrnehmung – ein wesentlicher Bestandteil der emotionalen Intelligenz. Durch regelmäßige Reflexionsübungen entwickeln die Betroffenen ein erhöhtes Verständnis für ihre Emotionen, Auslöser und Verhaltensmuster. Diese Selbsterkenntnis bildet die Grundlage für bewusstere Entscheidungen, verbesserte zwischenmenschliche Beziehungen und eine tiefere Verbindung mit dem eigenen authentischen Selbst. Das Tagebuchschreiben wird zu einem Spiegel, der die Nuancen der eigenen emotionalen Landschaft widerspiegelt und eine bewusste und bewusste Herangehensweise an die Komplexität des Lebens fördert.

Die Struktur des reflektierenden Tagebuchs ermöglicht es dem Einzelnen, sein persönliches Wachstum und seine Entwicklung im Laufe der Zeit zu verfolgen. Durch die Wiederholung vergangener Einträge können Individuen Entwicklungsmuster beobachten, Bereiche der Resilienz identifizieren und Momente des Triumphs oder Lernens anerkennen. Diese retrospektive Linse bietet eine wertvolle Perspektive auf die Reise der Selbstfindung und stärkt das Narrativ des persönlichen Wachstums und der Resilienz angesichts von Herausforderungen. Das Tagebuchschreiben wird zu einem dynamischen und lebendigen Dokument – ein Zeugnis für den fortlaufenden Prozess des Werdens.

Einer der besonderen Aspekte des Journalings ist seine Vielseitigkeit bei der Anpassung an verschiedene Stile und Ansätze. Einige Personen bevorzugen ein strukturiertes Tagebuch, indem sie Eingabeaufforderungen oder bestimmte Formate verwenden, um ihre Überlegungen zu leiten. Andere beschäftigen sich mit freiem Schreiben oder Bewusstseinsstrom, indem sie die Gedanken organisch auf die Seiten fließen lassen. Visual Journaling, das Bilder, Zeichnungen oder Collagenelemente enthält, bietet ein kreatives Ventil für diejenigen, die mit grafischem Ausdruck in Resonanz stehen. Die Flexibilität des Journalings ermöglicht es dem Einzelnen, seine Reflexionspraktiken an seine individuellen Vorlieben und Bedürfnisse anzupassen.

Die Überschneidung von Achtsamkeit und Journaling schafft eine starke Synergie, die die Vorteile beider Praktiken verstärkt. Achtsames Tagebuchschreiben bedeutet, sich dem Akt des Schreibens mit totaler Präsenz und Bewusstheit zu nähern. Die Menschen lassen sich mit einer offenen und nicht wertenden Denkweise auf den Prozess ein und beobachten ihre Gedanken und Emotionen, wenn sie auftauchen. Dieser achtsame Ansatz vertieft die reflexive Erfahrung und kultiviert ein Gefühl der Akzeptanz und des Mitgefühls gegenüber sich selbst. Achtsames Tagebuchschreiben wird zu einer meditativen Praxis – zu einem Moment der bewussten Verbindung mit dem gegenwärtigen Moment und der inneren Landschaft.

Das Dankbarkeitstagebuch stellt eine spezielle Form der Reflexionspraxis dar, die sich auf die Anerkennung und den Ausdruck von Dankbarkeit konzentriert. Diese bewusste Betonung der guten Aspekte des Lebens wurde mit verschiedenen psychologischen Vorteilen in Verbindung gebracht, wie z. B. erhöhtem allgemeinem Wohlbefinden, gehobener Stimmung und größerer Lebenszufriedenheit. Das Führen eines Dankbarkeitsnotizbuchs hilft Ihnen, eine wertschätzende Denkweise und eine positive Lebenseinstellung zu entwickeln, indem es Sie ermutigt, Ihre kleinen oder großen Momente der Dankbarkeit festzuhalten.

Der therapeutische Wert des Journalings wird durch seine Einbeziehung in therapeutische Prozesse unterstrichen. Schreiben ist eine bekannte therapeutische Strategie, die in der Tagebuchtherapie eingesetzt wird, um bei der Selbstprüfung, der emotionalen Befreiung und der persönlichen Entwicklung zu helfen. Journaling-Übungen sind eine gängige Methode für Therapeuten, um Klienten zu ermutigen, ihre Ideen und Gefühle außerhalb des therapeutischen Umfelds zu erforschen. Diese kooperative Methode stärkt die therapeutische Bindung und gibt den Menschen die Kraft, sich aktiv in der Rehabilitation zu engagieren.

Seine innersten Gedanken und Erfahrungen durch Schreiben zu teilen, kann ein zutiefst intimer und verletzlicher Prozess sein. Während einige Menschen sich dafür entscheiden, ihre Tagebücher privat zu halten, finden andere es vielleicht wertvoll, ihre Überlegungen mit vertrauenswürdigen Freunden, Familienmitgliedern oder Selbsthilfegruppen zu teilen. Dieser gemeinschaftliche Aspekt des Tagebuchschreibens schafft eine gemeinsame Erzählung von Erfahrungen und fördert Verbindungen und Empathie zwischen Menschen, die mit ähnlichen Themen in Resonanz sind. Die Fähigkeit geteilter Geschichten, persönliche Erfahrungen zu transzendieren und ein Gefühl für die Universalität der menschlichen Reise zu fördern, verleiht ihnen ihre Kraft.

Journalismus g wird besonders wirkungsvoll während des Übergangs, des Verlusts oder bedeutender Lebensveränderungen. Der Reflexionsprozess bietet einen Behälter, um die Komplexität der Emotionen in solchen Zeiten zu navigieren. Egal, ob Sie sich mit Trauer auseinandersetzen, ein neues Kapitel aufschlagen oder sich unerwarteten Herausforderungen stellen, das Tagebuchschreiben wird zu einem Frühstücksbegleiter – zu einem Raum, um zu verarbeiten, Bedeutung zu stiften und sich einen Weg nach vorne vorzustellen. Worte zu Papier zu bringen, kann in Zeiten der Unsicherheit ein Leuchtfeuer der Selbstfindung und Resilienz sein.

Das digitale Zeitalter hat neue Dimensionen des Journalings eingeläutet, wobei Online-Plattformen und digitale Tools alternative Möglichkeiten bieten, sich an reflektierenden Praktiken zu beteiligen. Blogging, digitale Tagebücher und mobile Anwendungen, die für reflektierendes Schreiben entwickelt wurden, bieten Einzelpersonen bequeme und zugängliche Möglichkeiten zur Selbstdarstellung. Während die Essenz des Tagebuchschreibens in der Introspektion verwurzelt bleibt, bieten diese digitalen Medien zusätzliche Flexibilität und Bequemlichkeit und gehen auf unterschiedliche Vorlieben und Lebensstile ein.

Trotz der unzähligen Vorteile des Journalings gibt es potenzielle Hindernisse für eine konsistente Praxis. Zeitdruck, wahrgenommener Mangel an Schreibfähigkeiten oder der Glaube, dass die eigenen Gedanken nicht wichtig genug sind, um sie zu dokumentieren, sind häufige Hindernisse. Um diese Barrieren zu überwinden, muss das Journaling als flexible und zugängliche Praxis neu gestaltet werden. Mit kleinen, überschaubaren Verpflichtungen zu beginnen, mit verschiedenen Stilen zu experimentieren und das Journaling als Prozess und nicht als Produkt zu betrachten, trägt dazu bei, eine nachhaltige und bereichernde Reflexionspraxis zu etablieren.

Zusammenfassend lässt sich sagen, dass Tagebuchschreiben und reflektierende Praktiken Tore zur inneren Landschaft sind – eine Reise der Selbstfindung, des emotionalen Ausdrucks und des persönlichen Wachstums. Ob durch strukturierte Aufforderungen, achtsame Erkundung oder Dankbarkeitsanerkennung, das Tagebuchschreiben ermöglicht es dem Einzelnen, seine Gedanken und Emotionen bewusst zu steuern. Die psychologischen Vorteile von Selbstbewusstsein, emotionaler Regulation und persönlicher Entwicklung unterstreichen die transformative Wirkung des Tagebuchschreibens auf das allgemeine Wohlbefinden. Wenn sich Individuen auf diese bewusste Introspektion einlassen, begeben sie sich auf eine dynamische und bereichernde Erkundung ihrer inneren Welten und weben eine Erzählung über Resilienz, Selbstfindung und den fortlaufenden Prozess des Werdens.

KAPITEL VI

Schaffen Sie eine ruhige häusliche Umgebung

Organisieren und Entrümpeln

In der heutigen Welt, in der unser Leben häufig einem schnelllebigen Rhythmus folgt, haben die Orte, an denen wir leben, einen erheblichen Einfluss darauf, wie unsere Erfahrungen und unser allgemeines Wohlbefinden geformt werden. Die Organisation einer Entrümpelung hat sich als mehr als nur eine häusliche Aufgabe herausgestellt. Es ist ein achtsamer und bewusster Ansatz bei der Gestaltung von Lebensräumen, die Harmonie, Effizienz und ein Gefühl der Ruhe fördern. Darüber hinaus wird das bloße Arrangieren von Habseligkeiten, das Organisieren und Entrümpeln transformativ und beeinflusst die physische Umgebung und die mentalen und emotionalen Zustände des Individuums. Dieser Abschnitt befasst sich mit den facettenreichen Aspekten des Organisierens und Entrümpelns und untersucht die psychologischen Vorteile, praktischen Strategien und die tiefgreifenden Auswirkungen, die diese Praktiken auf die Schaffung von Räumen haben können, die ein Gefühl der Ausgeglichenheit und des Wohlbefindens fördern.

Im Kern geht es beim Organisieren und Entrümpeln um die absichtliche Anordnung und Eliminierung von Besitztümern in einem Raum. Das Konzept geht über das bloße Aufräumen hinaus. Es umfasst eine sorgfältige Bewertung von Besitztümern, die Priorisierung des Wesentlichen, und die Schaffung von Systemen, die die Funktionalität verbessern. Organisieren ist ein dynamischer Prozess, der sich mit den sich ändernden Bedürfnissen und dem Lebensstil weiterentwickelt und ein kontinuierliches Engagement für die Aufrechterhaltung der Ordnung erfordert. Wenn sie mit Achtsamkeit und

Intentionalität angegangen werden, werden Organisation und Entrümpelung zu mächtigen Werkzeugen, um Wohnräume in Zufluchtsorte zu verwandeln, die das Wohlbefinden ihrer Bewohner unterstützen.

Die psychologischen Vorteile einer organisierten und aufgeräumten Umgebung sind enorm. Studien haben gezeigt, dass der Zustand der Umgebung das psychische Wohlbefinden erheblich beeinflusst und Faktoren wie Stressniveau, kognitive Funktion und emotionalen Zustand beeinflusst. Auf der anderen Seite fördert ein organisierter Raum ein Gefühl der Kontrolle, Klarheit und Ruhe und bietet dem Einzelnen einen unterstützenden Hintergrund für seine täglichen Aktivitäten.

Einer der zentralen psychologischen Vorteile der Organisation einer Entrümpelung ist der Abbau von Stress. Unordnung kann zu visuellem Chaos führen, was zu einer ständigen kognitiven Belastung führt, wenn Menschen durch ihre Wohnräume navigieren. Entrümpeln vereinfacht das Gesichtsfeld und minimiert die Reize, die den Stresspegel erhöhen können. Eine unübersichtliche Umgebung fördert das Gefühl der Ordnung und erleichtert es dem Einzelnen, sich zu konzentrieren, zu entspannen und sich an Aktivitäten zu beteiligen, ohne die geistige Ablenkung, die durch Unordnung verursacht wird.

Darüber hinaus verbessert ein organisierter Lebensraum die kognitive Funktion und Produktivität. Das menschliche Gehirn wird von seiner Umgebung beeinflusst, und Unordnung kann zu kognitiver Überlastung führen, die die Konzentration und das Urteilsvermögen beeinträchtigt. Im Gegensatz dazu unterstützt eine organisierte und von Stress geprägte Umgebung die geistige Klarheit und ermöglicht es dem Einzelnen, klarer zu denken, Entscheidungen effizienter zu treffen und Aufgaben mit erhöhter Konzentration und Effizienz anzugehen. Dieser kognitive Vorteil erstreckt sich auf verschiedene Aspekte des Lebens, von arbeitsbezogenen Aktivitäten bis hin zu persönlichen Projekten und täglichen Routinen.

Die emotionale Wirkung eines organisierten und aufgeräumten Raums ist eng mit dem Wohlbefinden verbunden. Unordnung wird mit Schuldgefühlen, Frustration und dem Gefühl der Überforderung in Verbindung gebracht. Entrümpeln wird zu einem befreienden Prozess, der es dem Einzelnen ermöglicht, Besitztümer loszulassen, die keinen Zweck mehr erfüllen oder keine emotionale Bedeutung mehr haben. Die Schaffung eines kuratierten und bewussten Raums fördert eine positive, dynamische Atmosphäre und fördert Gefühle der Zufriedenheit, Zufriedenheit und Kontrolle über die eigene Umgebung.

Das Organisieren und Entrümpeln geht über die physische Umgebung hinaus; Sie beeinflussen den Lebensstil und das Konsumverhalten. In einer konsumgetriebenen Gesellschaft wird die Anhäufung von Besitztümern oft mit Erfolg oder Glück gleichgesetzt. Die bewusste Entrümpelung stellt dieses Narrativ jedoch in Frage und betont die Qualität des Besitzes über die Quantität. Dieser Perspektivenwechsel fördert einen achtsamen Konsum, bei dem der Einzelne Dinge priorisiert, die echte Freude, Funktionalität oder Bedeutung in sein Leben bringen. Entrümpeln wird zu einem bewussten Akt der Neubewertung der eigenen Beziehung zu materiellen Besitztümern und zur Förderung eines Gefühls der Dankbarkeit für die Gegenstände, die das Wohlbefinden wirklich steigern.

Praktische Strategien zum Organisieren und Entrümpeln beinhalten einen systematischen Ansatz, der die individuellen Bedürfnisse und Vorlieben des Einzelnen berücksichtigt. Die Kon Mari-Methode von Marie Kondo empfiehlt das Entrümpeln, je nachdem, ob ein Gegenstand "Freude bereitet". Diese Strategie fördert einen bewussten und durchdachten Ansatz zum Entrümpeln, indem sie die Menschen dazu ermutigt, ihre Habseligkeiten nach ihren emotionalen Auswirkungen zu bewerten. Das Sortieren von Besitztümern in Kategorien und das Bearbeiten eines nach dem anderen ist eine weitere Taktik, die es den Menschen ermöglicht, sich auf bestimmte Bereiche ihres Hauses zu konzentrieren und zu

entscheiden, was sie erhalten, verschenken oder entsorgen
möchten.

Entrümpeln kann emotional aufgeladen sein, besonders
wenn es um sentimentale Gegenstände geht. Marie
Kondos Ansatz betont, Dankbarkeit für Gegenstände
auszudrücken, bevor man sie loslässt, und ihre Rolle im
eigenen Leben zu erkennen. Dieser achtsame Abschied
würdigt die emotionale Bindung und schafft Raum für
neue Erfahrungen und Erinnerungen, und darüber hinaus
fördert die Einbeziehung des gesamten Haushalts in die
Organisation das Gefühl der gemeinsamen
Verantwortung. Es stellt sicher, dass die eingerichteten
Organisationssysteme auf die Bedürfnisse und Vorlieben
aller Bewohner abgestimmt sind.
Digitales Entrümpeln ist im Zeitalter der Technologie
immer relevanter geworden. Die digitale Landschaft
spiegelt oft die physische wider und sammelt digitales
Durcheinander in Dateien, E-Mails und nicht in Fiktionen
an. Die Einrichtung digitaler Organisationssysteme, das
regelmäßige Entrümpeln digitaler Dateien und das
Kuratieren von Online-Räumen tragen zu einer
optimierten und effizienten digitalen Umgebung bei. Die
digitale Entrümpelung steigert die Produktivität, reduziert
die digitale Überlastung und fördert eine gesündere
Beziehung zur Technologie.

Das Konzept des Minimalismus orientiert sich eng an den
Prinzipien des Organisierens und Entrümpelns. Der
Minimalismus plädiert dafür, das eigene Leben zu
vereinfachen, indem man sich auf wesentliche
Besitztümer konzentriert, Überschüsse eliminiert und
Erfahrungen über materielle Anhäufung stellt. Der
minimalistische Ansatz stellt gesellschaftliche Normen in
Frage, die Glück mit dem Besitz von mehr gleichsetzen,
und ermutigt den Einzelnen, seine Werte und Prioritäten
neu zu definieren. Eine minimalistische Denkweise trägt
zu einem bewussteren und bewussteren Ansatz bei der
Organisation von Wohnräumen bei.

Die Auswirkungen des Organisierens und Entrümpelns erstrecken sich auf verschiedene Facetten des Lebens, einschließlich Beziehungen und persönliches Wohlbefinden. Ein unübersichtlicher und unorganisierter Raum kann Beziehungen belasten und zu Konflikten über gemeinsam genutzte Räume, Schwierigkeiten bei der Suche nach Habseligkeiten und einem allgemeinen Gefühl des Chaos führen. Umgekehrt trägt ein organisierter und harmonischer Wohnraum zu einer positiven Atmosphäre bei und erleichtert eine offene Kommunikation, gemeinsame Verantwortung und Einheit unter den Haushaltsmitgliedern. Die Vorteile einer aufgeräumten Umgebung wirken sich auf verschiedene Aspekte des Lebens aus und fördern ein Gefühl der Ausgeglichenheit und des Wohlbefindens.

Die Vorteile des Organisierens und Entrümpelns sind nicht auf einzelne Haushalte beschränkt. Sie erstrecken sich auf umfassendere gesellschaftliche und ökologische Auswirkungen. Übermäßiger Konsum und Verschwendung tragen zur Umweltzerstörung bei, und eine Kultur des achtsamen Konsums steht im Einklang mit den stabilen Lebensweisen. Menschen, die zielgerichtet organisieren und entrümpeln, sind Teil einer bedeutenderen Bewegung, um Abfall zu reduzieren, die Umweltbelastung zu minimieren und eine nachhaltigere Lebensweise zu fördern.

Zusammenfassend lässt sich sagen, dass Organisieren und Entrümpeln mehr sind als oberflächliche Bemühungen, einen aufgeräumten Wohnraum zu erhalten. Sie umfassen absichtliche und achtsame Praktiken, die das mentale, emotionale und soziale Wohlbefinden beeinflussen. Die psychologischen Vorteile von reduziertem Stress, verbesserter kognitiver Funktion und verbessertem emotionalem Wohlbefinden unterstreichen die transformative Wirkung dieser Praktiken. Unabhängig davon, ob es sich um minimalistische Prinzipien, die Einführung digitaler Entrümpelungen oder die Einbeziehung von Dankbarkeit in den Entrümpelungsprozess handelt, können Einzelpersonen Räume schaffen, die ein Gefühl von

Harmonie und Ausgeglichenheit fördern. Während wir uns in der Komplexität des heutigen Lebens zurechtfinden, wird das Organisieren und Entrümpeln zu einer Reise der Selbstfindung, der Neubewertung von Prioritäten und der Verpflichtung, das Wohlbefinden in unseren Räumen zu fördern.

Ausweisung von Entspannungsräumen

In der schnelllebigen und anspruchsvollen Landschaft des modernen Lebens haben bewusste Beziehungsräume in unseren Häusern als Eckpfeiler des allgemeinen Wohlbefindens Anerkennung gefunden. Die Ausweisung spezifischer Bereiche, die der Entspannung gewidmet sind, geht über die bloße Ästhetik hinaus. Es ist ein gezielter Akt der Schaffung von Zufluchtsorten, die Ruhe, geistige Verjüngung und eine Atempause vom Stress des täglichen Lebens fördern. Dieser Abschnitt befasst sich mit den vielfältigen Aspekten der Ausweisung von Entspannungsräumen und untersucht die psychologischen Vorteile, praktischen Überlegungen und die transformativen Auswirkungen, die diese bewussten Umgebungen auf die Kultivierung von Frieden und Ausgeglichenheit in unserem Leben haben können.

Im Kern geht es bei der Ausweisung von

Entspannungsräumen darum, bewusste Nischen in unseren Wohnumgebungen zu schaffen, in denen das Hauptaugenmerk auf der Förderung von Ruhe und Verjüngung liegt. Diese Räume dienen als Rückzugsorte vor den Anforderungen von Arbeit, Familie und äußerem Druck und bieten dem Einzelnen die Möglichkeit, sich zu entspannen, neue Energie zu tanken und sich an Aktivitäten zu beteiligen, die das geistige und emotionale Wohlbefinden fördern. Die Bedeutung von Entspannungsräumen liegt in ihrer physischen Gestaltung und ihrer psychologischen Wirkung auf Menschen, die Trost und Erholung suchen.

Die psychologischen Vorteile von ausgewiesenen Entspannungsräumen sind tiefgreifend und erstrecken sich auf verschiedene Aspekte des geistigen und emotionalen Wohlbefindens. In einer Welt, die von ständiger Stimulation und digitaler Konnektivität geprägt ist, bieten diese Räume ein Gegengewicht, indem sie Einsamkeit und Achtsamkeit bieten. Der bewusste Akt des Betretens eines Entspannungsraums signalisiert einen Wandel in der Denkweise, der eine mentale Grenze zwischen den Anforderungen der Außenwelt und dem inneren Bedürfnis oder der Verjüngung schafft. Diese mentale Trennung fördert ein Gefühl der Autonomie und Kontrolle über das eigene Wohlbefinden.

Stressabbau ist einer der wichtigsten psychologischen Vorteile von Entspannungsbereichen. Ein häufiges Merkmal des heutigen Lebens ist chronischer Stress, der mit einer Reihe von körperlichen und psychischen Gesundheitsproblemen verbunden ist. Spezielle Entspannungsbereiche dienen als sichere Häfen, in denen Menschen stressabbauende Techniken wie tiefes Atmen, Meditation oder einfach nur Ruhe in einer friedlichen Umgebung üben können. Das zweckmäßige Design dieser Bereiche, das Komfort- und Ruhebewertungsfunktionen umfasst, trägt zu einem sensorischen Erlebnis bei, das hilft, Stress abzubauen.

Darüber hinaus dienen Entspannungsräume als Katalysatoren für die Langeweile – eine Praxis, die mit erhöhtem Bewusstsein, verbesserter Konzentration und einer tieferen Verbindung mit dem gegenwärtigen Moment verbunden ist. Egal, ob es sich um natürliche Elemente, beruhigende Farben oder achtsame Aktivitäten wie Lesen oder Tagebuchschreiben handelt, diese Räume werden für Achtsamkeitspraktiken förderlich. Die bewussten Designelemente, wie bequeme Sitzgelegenheiten, sanfte Beleuchtung und der Ausschluss von Ablenkungen, ermutigen den Einzelnen, vollständig in die Gegenwart einzutauchen und einen mentalen Zustand zu fördern, der über die Hektik des Alltags hinausgeht.

Die Einrichtung von zielgerichteten Bereichen zum Entspannen zu Hause trägt dazu bei, eine gesunde und ermutigende geistige Atmosphäre zu fördern. Diese Bereiche ermutigen die Menschen, ihre geistige und emotionale Gesundheit an die erste Stelle zu setzen, indem sie sie an den Wert der Selbstfürsorge erinnern. Die Einrichtung eines ausgewiesenen Ruheraums vermittelt eine starke Botschaft darüber, wie wichtig die eigene psychische Gesundheit ist, was eine positive Einstellung und ein Gefühl des Selbstwertgefühls unterstützt.

Praktische Überlegungen spielen eine zentrale Rolle bei der effektiven Gestaltung und Nutzung von Entspannungsräumen. Die Lage dieser Räume innerhalb eines Hauses sollte auf die Vorlieben und den Lebensstil des Einzelnen abgestimmt sein. Einige bevorzugen abgeschiedene Räume abseits von stark frequentierten Bereichen, während andere es bequem finden, Entspannungselemente in gemeinsame Wohnräume zu integrieren. Die Flexibilität des Designs ermöglicht es, diese Räume an sich ändernde Bedürfnisse anzupassen.

Die Auswahl der Möbel, der Dekoration und der Beleuchtung beeinflusst das Ambiente der Freizeitbereiche erheblich. Weiche Materialien, weiche Kissen und bequeme Sitzkonfigurationen sorgen für Gemütlichkeit und Komfort. Natürliche Bestandteile wie Rohstoffe oder Pflanzen können die allgemeine Gelassenheit der Atmosphäre verbessern, indem sie ein Gefühl der Verbundenheit mit der Außenwelt fördern. Warme, sanfte Farben laden zur Entspannung ein, und künstliches und natürliches Licht bestimmt maßgeblich die Stimmung.

Die Integration sensorischer Elemente in Entspannungsräume verbessert das Gesamterlebnis. Die Aromatherapie kann durch ätherische Öle oder Duftkerzen eine Dimension des olfaktorischen Komforts erreichen. Klanglandschaften, sei es durch sanfte Musik, Naturgeräusche oder weißes Rauschen, tragen zu einer beruhigenden auditiven Umgebung bei. Diese sensorischen Überlegungen tragen zu einem ganzheitlichen Ansatz bei, der mehrere Sinne anspricht, um ein harmonisches und immersives Entspannungserlebnis zu schaffen.

Die Multifunktionalität der Entspannungsräume ermöglicht vielfältige Aktivitäten, die auf individuelle Vorlieben eingehen. Während einige Trost in meditativen Praktiken finden, ziehen es andere vor, sich mit Hobbys zu beschäftigen, zu lesen oder Musik zu hören. Der Schlüssel liegt darin, einen Raum zu schaffen, der verschiedene Aktivitäten beherbergt und es dem Einzelnen ermöglicht, sein Entspannungserlebnis jederzeit an seine Stimmung und Bedürfnisse anzupassen.

Das digitale Zeitalter hat den Entspannungsräumen neue Dimensionen eröffnet, wobei die Technologie sowohl die Gestaltung als auch die Nutzung dieser Umgebungen beeinflusst. Die Integration von Smart-Home-Geräten, wie z. B. programmierbaren Beleuchtungs- oder Soundsystemen, ermöglicht ein anpassbares und immersives Erlebnis. Es muss jedoch ein empfindliches Gleichgewicht gewahrt werden, um sicherzustellen, dass die Technologie das übergeordnete Ziel, einen Raum für geistige Verjüngung zu schaffen, ergänzt und nicht beeinträchtigt.

Die transformative Wirkung von Entspannungsräumen geht über das Individuum hinaus und beeinflusst zwischenmenschliche Beziehungen und die Gesamtatmosphäre in einem Zuhause. Gemeinsame Entspannungsräume bieten Möglichkeiten für Verbindungen und Bindungen zwischen Familienmitgliedern oder Lebensgefährten. Entspannungsaktivitäten fördern das Gefühl der Wir-Aktion, gemeinsame Erfahrungen und eine offene Kommunikation. Die positive Energie, die in diesen Räumen kultiviert wird, durchdringt das Haus und trägt zu einem harmonischen und unterstützenden Wohnumfeld bei.

Die Ausweisung von Entspannungsräumen steht im Einklang mit breiteren gesellschaftlichen Trends, die die Bedeutung eines ganzheitlichen Wohlbefindens betonen. Die Integration von Entspannungspraktiken in das tägliche Leben stellt die traditionelle Dichotomie zwischen Arbeit und Freizeit in Frage und ermutigt den Einzelnen, Wohlbefinden als kontinuierlichen und integrierten Aspekt seines Lebens zu betrachten. Da an Arbeitsplätzen zunehmend flexible und Remote-Arbeitsregelungen eingeführt werden, wird der Bedarf an bewussten Entspannungs-Spas in den eigenen vier Wänden immer ausgeprägter, wodurch die verschwimmenden Grenzen zwischen Berufs- und Privatleben ausgeglichen werden.

Zusammenfassend lässt sich sagen, dass der bewusste Akt der Entzündung von Entspannungsräumen in den Häusern ein entscheidender Schritt ist, um das geistige und emotionale Wohlbefinden angesichts der Anforderungen des modernen Lebens in den Vordergrund zu stellen. Die psychologischen Vorteile, praktischen Überlegungen und transformativen Auswirkungen dieser intentionalen Umgebungen tragen zu einem ganzheitlichen Ansatz der Selbstfürsorge bei. Wenn Menschen das Konzept der Schaffung von Versicherungsmathematikern für Ruhe annehmen, begeben sie sich auf eine Reise der Kultivierung von Gleichgewicht, Achtsamkeit und einer tiefen Verbindung mit ihrem Wohlbefinden in den Räumen, die sie ihr Zuhause nennen.

Festlegen von Routinen und Grenzen

Im komplizierten Tanz des täglichen Lebens erweist sich das Etablieren von Routinen und Grenzen als grundlegende Praxis, die dem Einzelnen einen Kompass bietet, um sich in der Komplexität des modernen Daseins zurechtzufinden. Diese bewussten Str-Vorlesungen bieten einen Rahmen für das Management von Zeit, Energie und Prioritäten und fördern den Sinn für Ordnung, die Vorhersagefähigkeit und das Gleichgewicht. Dieser Abschnitt befasst sich mit den facettenreichen Dynamiken der Etablierung von Routinen und Grenzen, untersucht die psychologischen Vorteile, körperlichen Überlegungen und die transformativen Auswirkungen, die diese bewussten Praktiken auf die Kultivierung eines Lebens haben können, das mit individuellen Werten und Bestrebungen übereinstimmt.

Im Wesentlichen sind Routinen Verhaltensmuster oder Aktivitäten, die einer vorhersehbaren Abfolge folgen und dem täglichen Leben ein Gefühl von Struktur und Ordnung verleihen. Von morgendlichen über Arbeitsroutinen bis hin zu abendlichen Ritualen schaffen diese Muster einen Rhythmus, der den Übergang zwischen den verschiedenen Phasen des Tages erleichtert. Die psychologischen Vorteile von Routinen sind vielfältig und tragen zu einem Gefühl der Stabilität, zum Stressabbau und zur Verbesserung des allgemeinen Wohlbefindens bei.

Einer der wichtigsten psychologischen Vorteile der Etablierung von Routinen ist die Verringerung der Entscheidungsmüdigkeit. In einer Welt, in der es von Wahlmöglichkeiten nur so wimmelt, kann die kognitive Belastung durch die Entscheidungsfindung überwältigend sein. Routinen automatisieren bestimmte Aspekte des täglichen Lebens und ermöglichen es, visuelle Elemente zu verwenden, um mentale Energie für wichtigere Entscheidungen zu sparen. Durch die Rationalisierung alltäglicher Aufgaben und Aktivitäten schaffen Routinen ein Gefühl der Effizienz und setzen kognitive Ressourcen für bewusstere und sinnvollere Entscheidungen frei.

Darüber hinaus vermitteln Routinen ein Gefühl der Vorhersehbarkeit und Kontrolle über die eigene Umgebung. Das menschliche Gehirn sehnt sich nach Vorhersehbarkeit und Ordnung, und Routinen bieten einen strukturierten Rahmen, der ein Gefühl von Sicherheit und Vertrautheit vermittelt. Diese Vorhersehbarkeit ist besonders in Zeiten der Unsicherheit oder des Stresses von entscheidender Bedeutung und dient als stabilisierende Kraft, auf die sich der Einzelne verlassen kann. Der Komfort, der sich aus etablierten Routinen ergibt, trägt zum emotionalen Wohlbefinden bei und hilft dem Einzelnen, die Unsicherheiten des Lebens mit größerer Resilienz zu bewältigen.

Die Etablierung von Morgen- und Abendroutinen beendet den Tag mit bewussten Aktivitäten, die den Gesamtverlauf der täglichen Erfahrung beeinflussen. Ob Bewegung, Achtsamkeitsübungen oder nahrhafte Aktivitäten, eine Morgenroutine wird zum Sprungbrett für einen Tag, der von Intentionalität und Sinn geprägt ist. In ähnlicher Weise signalisiert eine Abendroutine einen Übergang zur Entspannung und bereitet Geist und Körper auf einen erholsamen Schlaf vor.

Routinen spielen eine entscheidende Rolle für das Zeitmanagement und die Zielerreichung bei der Arbeit und Produktivität. Arbeitsroutinen, die bestimmte Start- und Endzeiten, festgelegte Pausen und eine strukturierte Priorisierung von Aufgaben umfassen können, tragen zu einer höheren Produktivität und einer effizienteren Zeitnutzung bei. Durch die Etablierung einer Routine, die auf die individuellen Arbeitspräferenzen und das Energieniveau abgestimmt ist, können Einzelpersonen ihre Arbeitstage optimieren und die Wahrscheinlichkeit verringern, sich überfordert oder ausgebrannt zu fühlen.

Während Routinen ein Gefühl von Struktur vermitteln und Grenzen vorhersagen, sind sie Schutzbarrieren, die Grenzen definieren und persönlichen Raum und Zeit abgrenzen. Um Grenzen zu setzen, müssen klare Richtlinien für akzeptable Verhaltensweisen, Interaktionen und Verpflichtungen festgelegt werden. Die psychologischen Vorteile von Grenzen sind tiefgreifend und tragen zu einer verbesserten psychischen Gesundheit, einem gesteigerten Selbstwertgefühl und gesünderen zwischenmenschlichen Beziehungen bei.

In einer hypervernetzten Welt kann der Einzelne mit ständigen Anforderungen an Zeit und Aufmerksamkeit überschwemmt werden. Das Setzen von Grenzen ermöglicht es dem Einzelnen, seinen mentalen und emotionalen Raum zu schützen, ihn vor äußerem Druck abzuschirmen und Burnout zu verhindern. Diese bewusste Praxis wird für die Vereinbarkeit von Beruf und Privatleben von entscheidender Bedeutung, da klare Grenzen dem Einzelnen helfen, sich im heiklen Wechselspiel zwischen beruflichen und persönlichen Verantwortlichkeiten zurechtzufinden.

Darüber hinaus tragen Grenzen zu einer gesteigerten Selbstwahrnehmung und einem gesteigerten Selbstwertgefühl bei. Durch die klare Definition persönlicher Grenzen können sie ihre Bedürfnisse, Werte und Prioritäten besser verstehen. Diese Selbsterkenntnis bildet die Grundlage für eine gesunde Entscheidungsfindung, da der Einzelne seine Entscheidungen mit seinen Grundwerten und Bestrebungen in Einklang bringen kann. Das Setzen und Einhalten von Grenzen vermittelt auch ein Gefühl des Selbstwertgefühls und unterstreicht, dass das persönliche Wohlbefinden eine schützenswerte Priorität ist.

In zwischenmenschlichen Beziehungen fördert das Setzen von Grenzen gesündere und respektvollere Verbindungen. Gesunde Grenzen stellen sicher, dass Individuen Beziehungen eingehen, die auf gegenseitigem Respekt und Einverständnis basieren, und verhindern so die Erosion der persönlichen Autonomie. Klar kommunizierte Grenzen schaffen Erwartungen, minimieren Missverständnisse und fördern eine Atmosphäre, in der sich die Menschen wohl fühlen, wenn sie ihre Wünsche und Vorlieben äußern. Gesunde Grenzen ermöglichen es Menschen, authentisch und mit einem Gefühl der Handlungsfähigkeit zu interagieren und sinnvolle und erfüllende Interaktionen zu fördern.

Praktische Überlegungen spielen eine entscheidende Rolle, wenn es darum geht, Routinen und Grenzen effektiv zu etablieren. Die Anpassung von Routinen an individuelle Vorlieben, zirkadiane Rhythmen und Energieniveaus verbessert die Nachhaltigkeit. Die Flexibilität innerhalb der Routinen ermöglicht die Anpassung an veränderte Umstände unter Beibehaltung der Gesamtstruktur. Das Experimentieren mit verschiedenen Elementen von Routinen, wie z. B. die

Einbeziehung von Achtsamkeitspraktiken oder die Anpassung der Abfolge von Aktivitäten, hilft dem Einzelnen, seine Routinen an seine individuellen Bedürfnisse und Ziele anzupassen.

Im Falle von Grenzen ist eine effektive Kommunikation von größter Bedeutung. Das Artikulieren von Grenzen gegenüber anderen beinhaltet den respektvollen und selbstbewussten Ausdruck von Bedürfnissen, Erwartungen und Grenzen. Die Konsistenz bei der Durchsetzung von Grenzen stärkt ihre Legitimität und vermittelt die Bedeutung der Aufrechterhaltung des persönlichen Wohlbefindens. Das Erstellen physischer und symbolischer Hinweise, wie z. B. bestimmte Arbeitsbereiche oder spezifische Kommunikationsprotokolle, trägt dazu bei, das Vorhandensein von Grenzen zu signalisieren und deren effektive Umsetzung zu unterstützen.

Die transformative Wirkung der Etablierung von Routinen und Grenzen erstreckt sich über das Individuum hinaus und beeinflusst breitere gesellschaftliche und kulturelle Normen. Wenn Individuen das Wohlbefinden durch bewusstes Üben in den Vordergrund stellen, tragen sie zu einem Wandel der gesellschaftlichen Werte bei, indem sie die Glorifizierung ständiger Geschäftigkeit in Frage stellen und eine ausgewogenere und nachhaltigere Lebenseinstellung fördern. Die Anerkennung der Bedeutung von Routinen und Grenzen fördert Kulturen, die das Wohlbefinden der Mitarbeiter in den Vordergrund stellen und die Arbeitszufriedenheit, die Produktivität und die allgemeine Gesundheit des Unternehmens steigern.

Zusammenfassend lässt sich sagen, dass das Etablieren von Routinen und Grenzen ein Dreh- und Angelpunkt für ein ausgeglichenes und erfülltes Leben ist. Die psychologischen Vorteile von Routinen, einschließlich einer geringeren Entscheidungsmüdigkeit, einer erhöhten Vorhersehbarkeit und eines verbesserten

Zeitmanagements, tragen zum allgemeinen Wohlbefinden bei. In ähnlicher Weise schützt das Setzen von Grenzen den mentalen und emotionalen Raum, verbessert das Selbstbewusstsein und fördert gesündere Beziehungen. Während der Einzelne durch die Komplexität des zeitgenössischen Lebens navigiert, werden die bewussten Praktiken von Routinen und Grenzen zu Leitprinzipien, die ein Leben formen, das mit individuellen Werten, Prioritäten und Bestrebungen übereinstimmt.

KAPITEL VII

Positive Disziplin

Disziplin vs. Bestrafung verstehen

Disziplin und Bestrafung werden oft synonym verwendet, stellen jedoch unterschiedliche Ansätze dar, die tiefgreifende Auswirkungen auf die Gestaltung des Verhaltens und die Förderung der persönlichen Entwicklung haben. Disziplin, die in Führung, Erziehung und positiver Verstärkung verwurzelt ist, zielt darauf ab, dem Einzelnen Selbstbeherrschung, Verantwortung und einen Sinn für Moral beizubringen. Im Gegensatz dazu beruht die Bestrafung auf Zwang, Angst und der Auferlegung von Konsequenzen, um unerwünschtes Verhalten zu verhindern. Dieser Abschnitt untersucht die nuancierten Unterschiede zwischen Disziplin und Bestrafung und befasst sich mit den psychologischen Implikationen, den Auswirkungen auf die Charakterentwicklung und der Rolle, die diese Ansätze bei der Kultivierung von positivem Verhalten und vielseitigen Individuen spielen.

Durch eine positive Linse betrachtet, verkörpert Disziplin einen ganzheitlichen Ansatz für das Verhaltensmanagement, der Verständnis, Anleitung und Bildung in den Vordergrund stellt. Die Etymologie des Wortes "Disziplin" geht auf das lateinische Wort "Disziplin" zurück, was Lehren, Lernen und Wissen bedeutet. Disziplin zielt darauf ab, Werte zu vermitteln, Selbstbeherrschung zu kultivieren und den Einzelnen zu einer verantwortungsvollen Entscheidungsfindung anzuleiten. Positive Disziplin erkennt die Entwicklungsstadien des Einzelnen an und erkennt an, dass der Lernprozess darin besteht, Fehler zu machen und die Konsequenzen von Handlungen zu verstehen.

Positive Disziplin legt Wert darauf, klare Erwartungen und Grenzen zu setzen und gleichzeitig eine offene Kommunikation zu fördern. Es geht darum, dem Einzelnen die Prinzipien von Empathie, Respekt und Verantwortung beizubringen. Bei unerwünschtem Verhalten liegt der Fokus darauf, die zugrunde liegenden Ursachen zu verstehen und konstruktiv anzugehen. Zu den positiven Disziplinierungsstrategien gehören aktives Zuhören, Problemlösung und kollaborative Entscheidungsfindung, die den Einzelnen dazu ermutigen, die gelehrten Werte und Prinzipien zu verinnerlichen.

Entscheidend ist, dass positive Disziplin einen starken Schwerpunkt auf positive Verstärkung legt. Die Anerkennung und Belohnung von positivem Verhalten motiviert den Einzelnen, Handlungen zu wiederholen, die mit gesellschaftlichen Normen und Erwartungen übereinstimmen. Dieser Ansatz macht sich das psychologische Prinzip der operanten Konditionierung zunutze, bei dem positive Ergebnisse das gewünschte Verhalten verstärken. Positive Disziplinierungsstrategien wie Lob, Ermutigung und Belohnungen schaffen ein unterstützendes Umfeld, das ein Selbstwertgefühl fördert und die intrinsische Motivation fördert.

Im Gegensatz dazu funktioniert die Bestrafung unter der Prämisse, unerwünschtes Verhalten durch die Auferlegung negativer Konsequenzen zu verhindern. Der Fokus liegt auf der externen Kontrolle, die oft mit Strafmaßnahmen wie Auszeiten, dem Verlust von Privilegien oder körperlichen Konsequenzen verbunden ist. Die Wurzeln der Bestrafung liegen in der Idee der Vergeltung, der darauf abzielt, Unbehagen oder Schmerz als Reaktion auf inakzeptables Verhalten zuzufügen. Während Bestrafung das Verhalten vorübergehend unterdrücken kann, lehrt sie den Einzelnen nicht von Natur aus die Werte oder Fähigkeiten, die für eine langfristige Verhaltensänderung erforderlich sind.

Einer der Hauptkritikpunkte an der Bestrafung ist ihr Potenzial, nachteilige Nebenwirkungen zu erzeugen. Die Angst, die mit Bestrafung verbunden ist, kann zu Ressentiments, Trotz oder einem Fokus auf die Vermeidung von Bestrafung führen, anstatt positive Werte zu verinnerlichen. Darüber hinaus kann es sein, dass die Bestrafung die zugrunde liegenden Ursachen des Verhaltens nicht anspricht, sondern lediglich die Symptome unterdrückt, ohne die Grundprobleme anzugehen. Der Zwangscharakter der Bestrafung kann Beziehungen belasten und eine Atmosphäre der Feindseligkeit oder Angst schaffen, anstatt eine Atmosphäre des gegenseitigen Verständnisses und Vertrauens.

Die psychologischen Auswirkungen von Disziplin und Bestrafung auf die Charakterentwicklung sind beträchtlich und dauerhaft. Als positiver und erzieherischer Ansatz trägt Disziplin dazu bei, Menschen mit einem starken moralischen Kompass, Verantwortungsbewusstsein und intrinsischer Motivation zu entwickeln. Positive Disziplin kultiviert eine wachstumsorientierte Denkweise, in der Menschen Hindernisse als Chancen für Wachstum und Entwicklung betrachten. Positive Disziplin, die Empathie und Verständnis stark betont, entwickelt emotional kompetente Menschen, die sich in sozialen Situationen freundlich und respektvoll verhalten können.

Auf der anderen Seite kann eine Bestrafung unvorhergesehene Auswirkungen auf die Charakterentwicklung eines Menschen haben. Strafmaßnahmen können aufgrund der Furcht und Besorgnis, die sie hervorrufen, Gefühle der Unzulänglichkeit, Feindseligkeit oder eine verzerrte Wahrnehmung von Autorität hervorrufen. Bestrafte Menschen können ein Gefühl der Hilflosigkeit verinnerlichen, das das Wachstum von Autonomie und Selbstkontrolle behindert. Die Vermeidung schlechter Ergebnisse auf Kosten der Verinnerlichung guter Werte kann zu einer oberflächlichen Konformität mit sozialen Normen führen, ohne deren Bedeutung richtig zu verstehen.

Die langfristigen Auswirkungen von Disziplin und Bestrafung zeigen sich in verschiedenen Aspekten des Lebens eines Individuums. Positive Disziplin formt Menschen, die Selbstbeherrschung, Belastbarkeit und Verantwortungsbewusstsein zeigen. Diese Personen neigen eher dazu, sich prosozial zu verhalten, einen positiven Beitrag zu ihren Gemeinschaften zu leisten und Herausforderungen mit einer konstruktiven Denkweise zu meistern. Die positive Bestärkung und Führung, die man in der Kindheit durch positive Disziplin erhält, legt den Grundstein für gesunde zwischenmenschliche Beziehungen und eine abgerundete Lebenseinstellung.

Im Gegenteil, die Auswirkungen der Bestrafung können sich in unangepassten Verhaltensweisen manifestieren, einschließlich Trotz, Aggression oder angstgetriebener Nachgiebigkeit. Personen, die Strafmaßnahmen erlebt haben, können mit Vertrauensproblemen zu kämpfen haben, externalisierte Verhaltensprobleme aufweisen oder eine negative Einstellung gegenüber Autoritätspersonen entwickeln. Die Bestrafungsstrategie, die die Kontrolle von außen betont, kann das Wachstum wichtiger Lebenskompetenzen behindern, einschließlich emotionaler Kontrolle, Konfliktlösung und Problemlösung.

Die Rolle von Disziplin und Bestrafung erstreckt sich über die individuelle Entwicklung hinaus auf gesellschaftliche Strukturen und kulturelle Normen. In Bildungseinrichtungen prägt die Wahl zwischen positiver Disziplin und Bestrafung die Lernumgebung und beeinflusst die Beziehungen zwischen Pädagogen und Schülern. Positive Disziplin in der Bildung fördert eine kollaborative und unterstützende Atmosphäre, in der Pädagogen als Mentoren fungieren und die Schüler zu persönlichem Wachstum und akademischem Erfolg führen. Dieser Ansatz fördert die Liebe zum Lernen, die intrinsische Motivation und eine positive Schulkultur.

Im Gegensatz dazu können Strafmaßnahmen im Bildungswesen zu einem Klima der Angst, der Willfährigkeit oder der Rebellion beitragen. Die Betonung von Kontrolle durch Bestrafung kann eine hierarchische Dynamik erzeugen, die eine offene Kommunikation und Zusammenarbeit behindert. Der strafende Ansatz geht möglicherweise nicht auf die zugrunde liegenden Gründe für Verhaltensprobleme oder akademische Schwierigkeiten ein und setzt einen Teufelskreis negativer Verstärkung fort, ohne Möglichkeiten für persönliches Wachstum und Entwicklung zu bieten.

Das Verständnis der Rolle von Disziplin und Bestrafung ist im Zusammenhang mit Strafrechtssystemen besonders wichtig. Der traditionelle Strafansatz, der sich auf Bestrafung als Vergeltung konzentriert, ist wegen seiner begrenzten Wirksamkeit bei der Verringerung der Rückfallquote und der Rehabilitierung von Personen in die Kritik geraten. Alternativen wie die restaurative Justiz, die Rechenschaftspflicht, Empathie und die Wiedergutmachung von Schaden betont, orientieren sich stärker an den Prinzipien positiver Disziplin. Die restaurative Justiz befasst sich mit den Ursachen kriminellen Verhaltens, fördert die Heilung von Opfern und integriert Straftäter als verantwortungsbewusste und empathische Individuen wieder in die Gesellschaft.

In der modernen Erziehung hat die Wahl zwischen Disziplin und Bestrafung einen tiefgreifenden Einfluss auf die Eltern-Kind-Beziehung und die Entwicklung wesentlicher Lebenskompetenzen. Emotional intelligente und widerstandsfähige Menschen entwickeln sich durch natürliche Konsequenzen, Entscheidungen und klare Erwartungen – alles Bestandteile positiver Disziplinierungstechniken. Die Entwicklung einer soliden Eltern-Kind-Bindung, Kommunikation und Verständnis haben bei Eltern, die positive Disziplinierungstechniken anwenden, oberste Priorität.

Umgekehrt kann das Vertrauen auf Bestrafung in der Erziehung die Eltern-Kind-Beziehung belasten und zu Machtkämpfen, Ressentiments oder angstgetriebener Konformität führen. Strafmaßnahmen wie körperliche Züchtigung wurden mit unerwünschten Folgen in Verbindung gebracht, darunter erhöhte Aggression, antisoziales Verhalten und psychische Probleme bei Kindern. Die Verschiebung hin zu positiver Disziplin in der Erziehung steht im Einklang mit den sich entwickelnden gesellschaftlichen Werten, die die Bedeutung der Förderung emotional gesunder und sozial verantwortlicher Menschen anerkennen.

Zusammenfassend lässt sich sagen, dass die Nuancen zwischen Disziplin und Bestrafung tiefgreifende Auswirkungen auf die individuelle Entwicklung, die Charakterbildung und die gesellschaftlichen Strukturen haben. Wenn Disziplin positiv angegangen wird, ist sie ein erzieherisches Instrument, das intrinsische Motivation, Verantwortung und moralische Entwicklung fördert. Positive Disziplin betont das Verständnis, die Führung und die Kultivierung wesentlicher Lebenskompetenzen. Im Gegensatz dazu beruht die Bestrafung auf äußerer Kontrolle, Angst und Zwang, um unerwünschtes Verhalten zu verhindern, was oft zu unbeabsichtigten Folgen führt.

Die Wahl zwischen Disziplin und Bestrafung erstreckt sich auf verschiedene Facetten des Lebens, einschließlich Bildung, Strafjustiz und Erziehung. Positive Disziplin schafft Menschen, die Belastbarkeit, emotionale Intelligenz und Verantwortungsbewusstsein zeigen. Im Gegensatz dazu kann der strafende Ansatz kurzfristig zu einer Befolgung führen, birgt aber die Gefahr, die Entwicklung von Autonomie, Selbstregulierung und einem echten Verständnis gesellschaftlicher Werte zu behindern. Im Zuge der Weiterentwicklung von Gesellschaften wird die Betonung positiver Disziplin zu einem integralen Bestandteil der Kultivierung vielseitiger Individuen, die einen positiven Beitrag zu ihren Gemeinschaften leisten und die Herausforderungen des Lebens mit einer konstruktiven und einfühlsamen Denkweise meistern.

Positive Verstärkung umsetzen

Positive Verstärkung, die in der Verhaltenspsychologie verwurzelt ist, ist ein wirksamer und praktischer Ansatz, um Verhalten zu formen und die persönliche Entwicklung zu fördern. Im Gegensatz zu Strafmaßnahmen oder strenger Disziplin fördert positive Verstärkung das gewünschte Verhalten, indem sie Belohnungen oder positive Reize einführt. Dieser Abschnitt untersucht die Prinzipien und Anwendungen der positiven Verstärkung, befasst sich mit den psychologischen Mechanismen, die im Spiel sind, den Auswirkungen auf die individuelle Motivation und wie dieser Ansatz in verschiedenen Kontexten umgesetzt werden kann, um ein positives und unterstützendes Umfeld zu schaffen.

Im Kern funktioniert positive Verstärkung nach dem Prinzip, das Verhalten zu stärken, indem es mit einem positiven Ergebnis assoziiert wird. Dieser psychologische Mechanismus beruht auf der Arbeit von B.F. Als renommierter Psychologe und Verhaltensforscher zeigte Skinner, dass Verhalten, gefolgt von einer lohnenden Konsequenz, wahrscheinlich wiederholt wird. Bei der positiven Verstärkung können Belohnungen verschiedene Formen annehmen, darunter verbales Lob, greifbare Belohnungen oder Gelegenheiten für bevorzugte Aktivitäten. Der Schlüssel liegt darin, eine Verbindung zwischen dem Verhalten und einem positiven Ergebnis herzustellen und die Betroffenen zu motivieren, sich häufiger auf das gewünschte Verhalten einzulassen.

Die psychologischen Grundlagen der positiven Verstärkung orientieren sich an den Prinzipien der operanten Konditionierung, einer Form des Lernens, bei der das Verhalten durch seine Konsequenzen beeinflusst wird. Bei der positiven Verstärkung wird unmittelbar nach dem Auftreten eines Verhaltens ein Reiz (die Belohnung) präsentiert, wodurch die Wahrscheinlichkeit erhöht wird, dass das Verhalten wiederholt wird. Die Unmittelbarkeit und Konsistenz der Verstärkung spielen eine entscheidende Rolle bei der Herstellung des

Zusammenhangs zwischen dem Verhalten und der Belohnung.

Die Fähigkeit der positiven Verstärkung, die intrinsische Motivation zu steigern, ist eines seiner Kernmerkmale. Im Gegensatz zu externen Kontrollstrategien wie Bestrafung, die auf Einschüchterung oder Gewalt setzen, appelliert positive Verstärkung an die inneren Motivationen und Ziele der Menschen. Es ist wahrscheinlicher, dass Menschen ein Gefühl von Autonomie, Zufriedenheit und Leistung verspüren, wenn ihre Aktivität zu positiven Ergebnissen führt. Wenn Menschen aufgrund ihres Verhaltens positive Ergebnisse erzielen, ist es wahrscheinlicher, dass sie ein Gefühl der Erfüllung, Autonomie und Zufriedenheit verspüren. Dieses innere Gefühl der Belohnung fördert die intrinsische Motivation, bei der sich Individuen auf das gewünschte Verhalten einlassen, weil sie es von Natur aus erfüllend und angenehm finden.

Positive Verstärkung wirkt sich neben den unmittelbaren Verhaltensänderungen auch auf die Einstellungen, die Selbstwahrnehmung und das allgemeine Wohlbefinden der Menschen aus. Verbales Lob vermittelt Akzeptanz, Anerkennung und ein Gefühl von Wert, während ein bestimmtes Verhalten anerkannt wird. Positive Verstärkung trägt zur Entwicklung eines positiven Selbstkonzepts bei und verstärkt die Vorstellung, dass Individuen fähig sind, Anerkennung verdienen und in der Lage sind, einen positiven Beitrag zu ihrer Umwelt zu leisten.

Im Bildungsbereich hat sich die Implementierung positiver Verstärkung als wirksames Instrument zur Förderung des Engagements, der Motivation und des akademischen Erfolgs von Schülern durchgesetzt. Lehrer, die positive Verstärkungsstrategien integrieren, schaffen ein Klassenzimmer, in dem Anstrengung, Ausdauer und eine wachstumsorientierte Denkweise geschätzt werden. Durch zeitnahes und spezifisches Feedback, die Anerkennung von Leistungen und das Anbieten von

Anreizen befähigen Pädagogen die Schüler, eine aktive Rolle auf ihrem Lernweg zu übernehmen.

Greifbare Belohnungen, wie z. B. Aufkleber oder

Zertifikate, dienen als konkrete Darstellungen der Leistung und verstärken die positive Verbindung zwischen Anstrengung und Erfolg. Darüber hinaus vermittelt verbales Lob, wenn es aufrichtig und präzise ausgesprochen wird, den Schülern, dass ihre Beiträge gesehen, geschätzt und geschätzt werden. Positive Verstärkung in der Bildung motiviert die Schülerinnen und Schüler zu akademischen Höchstleistungen und fördert die Liebe zum Lernen und das Gefühl der Selbstwirksamkeit.

Positive Verstärkung ist entscheidend für die Förderung einer positiven Unternehmenskultur, die Steigerung der Moral und die Verbesserung der Leistung der Mitarbeiter am Arbeitsplatz. Führungskräfte, die ihre Beiträge aktiv anerkennen und belohnen, schaffen ein motivierendes Arbeitsumfeld. Anerkennungsprogramme, Auszeichnungen als Mitarbeiter des Monats oder verbales Lob während Teambesprechungen sind Instrumente zur Anerkennung individueller und kollektiver Leistungen.

Positive Verstärkung wirkt sich erheblich auf die Mitarbeiterbindung, die Zufriedenheit und den Gesamterfolg des Unternehmens am Arbeitsplatz aus. Es ist wahrscheinlicher, dass Arbeitnehmer engagiert, engagiert und inspiriert sind, ihr Bestes zu geben, wenn sie sich wertgeschätzt und geschätzt fühlen. Positive Verstärkung trägt zu einer positiven Feedbackschleife bei, in der die Mitarbeiter ermutigt werden, weiterhin die gewünschten Verhaltensweisen zu zeigen, was zu einer verbesserten Einzel- und Teamleistung führt.

Positive Verstärkung ist ein Eckpfeiler eines effektiven

Disziplin- und Verhaltensmanagements in der Erziehung. Eltern, die Techniken der positiven Verstärkung anwenden, schaffen ein fürsorgliches und unterstützendes familiäres Umfeld. Verbales Lob, Ermutigung und ein Belohnungssystem können mächtige

Werkzeuge sein, um positives Verhalten bei Kindern zu verstärken. Die Konsistenz der positiven Verstärkung hilft Kindern, Erwartungen zu verstehen, Verantwortungsbewusstsein zu entwickeln und Werte und soziale Normen zu verinnerlichen.

Die Implementierung positiver Verstärkung in der Erziehung bedeutet, das zu verstärkende Verhalten genau zu benennen, rechtzeitiges Feedback zu geben und sicherzustellen, dass die Belohnungen für das Kind von Bedeutung sind. Die Verwendung einer Belohnungstabelle, in der Kinder Sterne oder Token für das Erledigen von Aufgaben oder das Zeigen von positivem Verhalten verdienen, ist eine beliebte und praktische Strategie zur positiven Verstärkung. Dies motiviert Kinder, sich auf gewünschte Verhaltensweisen einzulassen, und lehrt sie das Konzept, Belohnungen durch Anstrengung und Verantwortung zu verdienen.

Positive Verstärkung ist entscheidend, um Ziele zu erreichen und positive Gewohnheiten in der persönlichen Entwicklung und Gewohnheitsbildung zu kultivieren. Positive Bestärkung kann ein starker Motivator sein, sei es beim Streben nach Fitnesszielen, beim Annehmen eines gesünderen Lebensstils oder beim Aufbau neuer Fähigkeiten. Die Anerkennung kleiner Erfolge, das Feiern von Meilensteinen und die Einbeziehung von Belohnungen in den Prozess schaffen eine positive Feedbackschleife, die Motivation und Dynamik aufrechterhält.

Das Setzen definierter Ziele, das Aufteilen in machbare Schritte und das Festlegen klarer Belohnungen für das Erreichen jedes Meilensteins sind Teil der Implementierung positiver Verstärkung im persönlichen Wachstum. Durch die Verknüpfung positiver Ergebnisse mit erwünschten Verhaltensweisen schaffen Einzelpersonen ein Gefühl der Verantwortlichkeit und Motivation, das sie zu ihren Zielen antreibt. Der Ansatz der positiven Verstärkung fördert eine wachstumsorientierte Denkweise, Resilienz und eine optimistische Einstellung zur persönlichen Entwicklung.

Positive Verstärkung ist zwar eine wertvolle und effektive Strategie, aber ihre erfolgreiche Umsetzung erfordert sorgfältige Überlegung und Individualisierung. Die Wahl der Belohnungen sollte sich an den Vorlieben und Werten der beteiligten Personen orientieren. Was für den einen verstärkend ist, hat für den anderen möglicherweise nicht die gleiche Wirkung. Darüber hinaus ist der Zeitpunkt der Verstärkung entscheidend, da unmittelbares Feedback die Assoziation zwischen Verhalten und Belohnung verbessert.

Darüber hinaus beinhaltet das Konzept des Shaping, eine von der operanten Konditionierung abgeleitete Technik, die Verstärkung sukzessiver Annäherungen an das gewünschte Verhalten. Diese allmähliche Verstärkung von Verhaltensweisen, die sich dem Zielverhalten annähern, ermöglicht einen schrittweisen Ansatz zur Verhaltensänderung. Shaping ist besonders effektiv, wenn auf komplexe oder langfristige Ziele hingearbeitet wird, und ermöglicht es dem Einzelnen, in überschaubaren Schritten auf das gewünschte Verhalten hinzuarbeiten.

Positive Verstärkung ist zwar ein mächtiges Instrument, aber es ist wichtig anzuerkennen, dass es sich nicht um eine Einheitslösung handelt. Manche Menschen reagieren auf bestimmte Arten von Verstärkung positiver als andere. Darüber hinaus kann eine übermäßige Abhängigkeit von extrinsischen Belohnungen, ohne die intrinsische Motivation zu fördern, die Wirksamkeit positiver Verstärkung im Laufe der Zeit verringern. Daher ist ein ausgewogener Ansatz, der verschiedene Verstärkungsstrategien umfasst, oft am effektivsten, um eine dauerhafte Verhaltensänderung herbeizuführen.

Zusammenfassend lässt sich sagen, dass positive Verstärkung ein vielseitiger und wirkungsvoller Ansatz ist, um Verhalten zu formen, die Motivation zu fördern und die persönliche Entwicklung zu fördern. Positive Verstärkung, die in der operanten Konditionierung verwurzelt ist, assoziiert Verhalten mit günstigen Ergebnissen, um die Wiederholung dieser Handlung zu fördern. Positive Verstärkung trägt zu einem positiven und unterstützenden Umfeld bei, das intrinsische Motivation, Resilienz und eine wachstumsorientierte Denkweise fördert, sei es in der Bildung, am Arbeitsplatz, in der Elternschaft oder in der persönlichen Entwicklung. Wenn Einzelpersonen und Organisationen die Kraft der positiven Verstärkung erkennen, setzen sie das Potenzial für nachhaltige Verhaltensänderungen, persönliches Wachstum und die Schaffung positiver und florierender Gemeinschaften frei.

Konsistenz in der Kindererziehung

Beständigkeit in der Erziehung ist ein grundlegendes Prinzip, das die Eltern-Kind-Beziehung prägt und das emotionale Wohlbefinden und die Entwicklung eines Kindes tiefgreifend beeinflusst. Es geht darum, ein stabiles und vorhersehbares Umfeld aufrechtzuerhalten, in dem Erwartungen, Regeln und Reaktionen auf das Verhalten im Laufe der Zeit einheitlich bleiben. Dieser Abschnitt untersucht die Bedeutung von Konsistenz in der Erziehung, befasst sich mit den psychologischen Implikationen, den Auswirkungen auf die kindliche Entwicklung und praktischen Strategien zur Förderung eines konsistenten und unterstützenden Erziehungsansatzes.

Im Kern bietet Beständigkeit in der Erziehung ein Gefühl der Sicherheit und Berechenbarkeit für Kinder. Das sich entwickelnde Gehirn eines Kindes lebt von Routine und Struktur, und Konsistenz dient als Gerüst, auf dem sich eine gesunde Entwicklung entfaltet. Wenn Kinder wissen, was sie in ihrer Umgebung erwartet, fühlen sie sich geborgen, was entscheidend ist, um sichere Bindungen aufzubauen und ein positives Selbstkonzept zu entwickeln.

Konsistenz zeigt sich in verschiedenen Aspekten der Erziehung, einschließlich des Festlegens und Durchsetzens von Regeln, der Etablierung von Routinen und der Reaktion auf Verhaltensweisen. Wenn Eltern in ihren Erwartungen und Konsequenzen für das Verhalten konsistent sind, lernen Kinder Grenzen kennen, entwickeln ein Verantwortungsbewusstsein und verinnerlichen Werte, die ihre Entscheidungsfindung leiten. Kinder durch konsequente Disziplin zu ermutigen, die Auswirkungen ihres Handelns zu verstehen, hilft ihnen, Empathie und Selbstbeherrschung zu entwickeln.

Auf der anderen Seite kann eine inkonsequente Erziehung zu Verwirrung und Unsicherheit bei Kindern führen. Wenn Regeln willkürlich sind oder die Durchsetzung je nach Stimmung oder Umständen der Eltern variiert, können Kinder Schwierigkeiten haben, die Grenzen des akzeptablen Verhaltens zu verstehen. Inkonsistenzen in den Reaktionen auf das Verhalten können zu Unsicherheit führen und Kinder ängstlich oder frustriert zurücklassen. Dieser Mangel an Vorhersehbarkeit kann sich auf die emotionale Regulation eines Kindes auswirken und das Navigieren in sozialen Situationen und den Aufbau gesunder Beziehungen zu einer Herausforderung machen.

Einer der wichtigsten psychologischen Vorteile von Beständigkeit in der Erziehung ist der Aufbau von Vertrauen zwischen Eltern und Kind. Vertrauen ist ein grundlegendes Element jeder gesunden Beziehung und besonders wichtig in der Eltern-Kind-Dynamik. Wenn Kinder darauf vertrauen, dass die Reaktionen ihrer Eltern konsistent und fair sein werden, entwickeln sie eine sichere Bindung, eine wichtige Komponente für emotionales Wohlbefinden und eine gesunde soziale Entwicklung.

Konsequente Erziehung trägt dazu bei, ein Gefühl der Verlässlichkeit und Verlässlichkeit in der Eltern-Kind-Beziehung aufzubauen. Kinder, die Beständigkeit in ihren Bezugspersonen erleben, fühlen sich eher sicher, wenn es darum geht, Trost zu suchen, Emotionen auszudrücken und ihre Umgebung zu erkunden. Die sichere Bindung, die durch konsequente Erziehung entsteht, wird zu einem psychologischen Anker, der die emotionale Belastbarkeit und Anpassungsfähigkeit des Kindes an die Herausforderungen des Lebens unterstützt.

In der Disziplin ist Konsistenz ein Dreh- und Angelpunkt für ein effektives Verhaltensmanagement. Wenn Konsequenzen für das Verhalten konsequent angewendet werden, lernen Kinder, bestimmte Handlungen mit vorhersehbaren Ergebnissen zu verbinden. Diese Klarheit hilft Kindern, die Prinzipien von Ursache und Wirkung zu verstehen, und erleichtert die Entwicklung eines Verantwortungsbewusstseins und der Rechenschaftspflicht für ihr Handeln. Konsequente Disziplin vermittelt den Kindern auch, dass Regeln nicht willkürlich sind, sondern darauf ausgelegt sind, ihre Sicherheit, ihr Wohlbefinden und ihre soziale Kompetenz zu gewährleisten.

Darüber hinaus tragen konsistente Reaktionen auf

Verhalten zur Entwicklung der emotionalen Regulation von Kindern bei. Kinder verinnerlichen diese Fähigkeiten, wenn Eltern konsequent gesunde emotionale Ausdrucks- und Bewältigungsstrategien vorleben und lehren. Konsequente emotionale Unterstützung und Anleitung hilft Kindern, ihre Emotionen effektiv zu steuern und fördert Resilienz und adaptive Bewältigungsmechanismen.

Praktische Konsequenz in der Erziehung beinhaltet eine klare Kommunikation von Erwartungen und Konsequenzen. Eltern sollten Regeln und Erwartungen altersgerecht formulieren und sich an der Entwicklungsstufe des Kindes orientieren. Einheitliche Regeln bieten Kindern einen Rahmen, um die Grenzen akzeptablen Verhaltens zu verstehen, und tragen zu einem harmonischen familiären Umfeld bei.

Konsistenz erstreckt sich auch auf die Durchsetzung von

Konsequenzen für Verhalten. Wenn die Konsequenzen konsequent angewandt werden, lernen Kinder, dass ihre Handlungen vorhersehbare Ergebnisse haben. Diese Vorhersagbarkeit ist essentiell für die Entwicklung des Ursache-Wirkungs-Denkens und das Verständnis sozialer Normen. Konsequente Konsequenzen tragen auch zur Fairness bei, da alle Kinder gleich behandelt werden und ein Gefühl von Gerechtigkeit und Gleichheit innerhalb der Familie gefördert werden.

In Routinen ist Konsistenz entscheidend, um eine strukturierte und stabile Umgebung zu schaffen. Tägliche Routinen wie Essenszeiten, Schlafenszeiten und Hausaufgabenpläne geben Kindern ein Gefühl von Ordnung und Vorhersehbarkeit. Konsistente Routinen helfen dabei, Zeitmanagementfähigkeiten zu entwickeln, Schlafmuster zu regulieren und Möglichkeiten für positive Eltern-Kind-Interaktionen zu schaffen.

Konsistenz in den Routinen ist besonders in Zeiten des Übergangs oder des Stresses von Vorteil. In herausfordernden Zeiten, wie dem Umzug in ein neues Zuhause oder der Anpassung an eine neue Schule, wirken beständige Routinen als Anker und bieten den Kindern einen vertrauten und sicheren Rahmen. Routinen werden zu einer Quelle des Trostes und der Stabilität, die Kindern helfen, Veränderungen mit größerer Resilienz zu bewältigen.

Während Beständigkeit ein Eckpfeiler einer effektiven Erziehung ist, ist es wichtig anzuerkennen, dass sie keine Starrheit oder Unflexibilität impliziert. Flexibilität innerhalb einer konsequenten Elternschaft ermöglicht Anpassungen auf der Grundlage individueller Bedürfnisse, Entwicklungsstadien oder spezifischer Umstände. Zu einer konsequenten Erziehung gehört es, Festigkeit mit Wärme in Einklang zu bringen und den Kindern Struktur zu geben, während sie gleichzeitig altersgerechte Autonomie und Erkundung ermöglichen.

Inkonsistente Erziehungsmuster können aus verschiedenen Gründen entstehen, darunter Stress, Erschöpfung oder mangelndes Bewusstsein für die Bedeutung von Beständigkeit. Eltern können feststellen, dass sie Regeln nicht konsequent durchsetzen, unterschiedlich auf ähnliche Verhaltensweisen reagieren oder willkürlich Routinen variieren. Um eine stabile und fördernde Atmosphäre für Kinder zu schaffen, müssen unberechenbare Verhaltensweisen erkannt und behoben werden.

Selbsterkenntnis und Selbstbeobachtung seitens der Eltern sind für den konsequenten Unterricht unerlässlich. Es kann den Eltern zugute kommen, ihren Erziehungsstil regelmäßig zu bewerten und Bereiche zu identifizieren, in denen die Konsistenz gestärkt werden muss. Die Konsultation von elterlichen Ressourcen, Nachbarschaftsgruppen oder fachkundiger Beratung kann hilfreiche Perspektiven und Techniken bieten, um Hindernisse konsequent zu überwinden.

Zusammenfassend lässt sich sagen, dass Beständigkeit in der Erziehung ein dynamisches und wesentliches Prinzip ist, das zum emotionalen Wohlbefinden und zur Entwicklung von Kindern beiträgt. Es bietet ein stabiles und berechenbares Umfeld, das sichere Bindungen, Vertrauen und ein positives Selbstkonzept fördert. Konsistenz beim Festlegen und Durchsetzen von Regeln, beim Etablieren von Routinen und beim Reagieren auf Verhalten trägt zu einem effektiven Verhaltensmanagement, zur Entwicklung emotionaler Regulation und zur Kultivierung von Verantwortung bei Kindern bei. Eltern, die Beständigkeit aktiv in ihren Erziehungsstil integrieren und deren Bedeutung verstehen, fördern ein liebevolles und unterstützendes häusliches Umfeld, das das gesunde Wachstum der Kinder fördert.

KAPITEL VIII

Elterliche Selbstfürsorge

Die Bedeutung der Selbstfürsorge für Eltern

Die Reise der Elternschaft ist eine tiefgreifende und lohnende Erfahrung, die von Liebe, Freude und der Erfüllung eines neuen Lebens geprägt ist. Inmitten all der Freuden und Verantwortlichkeiten stehen Eltern jedoch oft vor erheblichen Herausforderungen und Anforderungen, die sich auf ihr körperliches, emotionales und geistiges Wohlbefinden auswirken können. Bei der Betreuung ihrer Kinder müssen Eltern die Bedeutung der Selbstfürsorge erkennen. Selbstfürsorge für Eltern geht über bloßen Genuss hinaus; Es ist ein wichtiger Aspekt, um die allgemeine Gesundheit zu erhalten, ein Gefühl der Identität zu bewahren und Resilienz angesichts der Komplexität der Elternschaft aufzubauen.

Die Elternschaft mit ihren unzähligen Verantwortlichkeiten kann dazu führen, dass das Wohlergehen der Eltern vernachlässigt wird. Die anspruchsvolle Betreuung eines Kindes, die Bewältigung von Aufgaben im Haushalt und in vielen Fällen die Vereinbarkeit von Beruf können zu Erschöpfung und Burnout führen. Selbstfürsorge ist ein bewusster und proaktiver Ansatz zur Erhaltung der körperlichen und geistigen Gesundheit, um sicherzustellen, dass Eltern besser gerüstet sind, um ihre Herausforderungen zu bewältigen und ihre Kinder optimal zu versorgen.

Körperliches Wohlbefinden ist ein Eckpfeiler einer effektiven Elternschaft, und Selbstfürsorge spielt eine zentrale Rolle bei der Erhaltung und Verbesserung dieses Wohlbefindens. Die Anforderungen an die Betreuung eines Kindes, insbesondere in den ersten Jahren, können körperlich anstrengend sein. Schlafentzug, unregelmäßiges Essverhalten und Bewegungsmangel sind häufige Herausforderungen, mit denen Eltern konfrontiert sind. Die Priorisierung der Selbstfürsorge durch ausreichenden Schlaf, ausgewogene Ernährung und regelmäßige körperliche Aktivität ist für Eltern unerlässlich, um ihr Energieniveau, ihre kognitiven Funktionen und ihre allgemeine Gesundheit aufrechtzuerhalten.

Insbesondere für Eltern ist ausreichend Schlaf wichtig, da er sich direkt auf ihre Fähigkeit auswirkt, die Verantwortung der Elternschaft zu bewältigen. Schlafentzug beeinträchtigt nicht nur die emotionalen und kognitiven Fähigkeiten, sondern senkt auch die Immunität, was Eltern einem höheren Krankheitsrisiko aussetzt. Zu den Selbstfürsorgetechniken, die eine verbesserte körperliche und emotionale Belastbarkeit fördern, gehören die Schaffung einer schlaffreundlichen Atmosphäre, die Etablierung guter Schlafgewohnheiten und die Rotation von Abendaufgaben.

Ein weiterer wesentlicher Bestandteil der elterlichen Selbstfürsorge ist eine ausgewogene Ernährung. Eltern zu sein führt häufig zu unberechenbaren Essgewohnheiten oder einer Abhängigkeit von Fertiggerichten, denen es an essentiellen Nährstoffen mangeln kann. Eine gesunde Ernährung zu einer Priorität zu machen, gibt Eltern die Energie und Ernährung, die sie benötigen, um die Verantwortung der Elternschaft zu erfüllen. Die Zubereitung von Mahlzeiten, einschließlich einer Reihe von Obst und Gemüse, und das Trinken von viel Wasser sind machbare Maßnahmen, die zum körperlichen Wohlbefinden beitragen.

Regelmäßige körperliche Aktivität trägt zur körperlichen Gesundheit bei und wirkt sich positiv auf das geistige und emotionale Wohlbefinden aus. Bewegung setzt Endorphine frei, die natürlichen Stimmungsaufheller des Körpers, reduzieren Stress und fördern das Wohlbefinden. Eltern können körperliche Aktivität in ihre Routine integrieren, indem sie Aktivitäten auswählen, die ihnen Spaß machen, wie z. B. Spazierengehen, Radfahren oder die Teilnahme an Fitnesskursen. Darüber hinaus fördert die Einbeziehung von Kindern in körperliche Aktivitäten einen gesunden Lebensstil für die ganze Familie.

Emotionales Wohlbefinden ist eng mit der Selbstfürsorge verbunden, und das Erkennen und Ansprechen von Emotionen ist entscheidend für die elterliche Selbstfürsorge. Die emotionalen Anforderungen der Elternschaft, gepaart mit gesellschaftlichen Erwartungen und dem Wunsch, ein perfekter Elternteil zu sein, können zu Stress, Angst und Gefühlen der Unzulänglichkeit führen. Selbstfürsorge bedeutet, die eigenen Emotionen zu erkennen und zu validieren, bei Bedarf Unterstützung zu suchen und Strategien zur Stressbewältigung umzusetzen.

Regelmäßige Selbstreflexion ist eine wichtige Technik der Selbstfürsorge, die Eltern hilft, ihre Gefühle zu erkennen und zu bewältigen. Eltern können Stressquellen entdecken, Einblicke in ihre Stimmungen erhalten und Bewältigungsmechanismen entwickeln, indem sie Tagebuch führen, Achtsamkeit üben oder einfach nur etwas ruhige Zeit mit Selbstbeobachtung verbringen. Sich vernünftige Ziele zu setzen, Fehler einzugestehen und zu erkennen, dass es akzeptabel ist, bei Bedarf Hilfe zu suchen, sind weitere Bestandteile der emotionalen Selbstfürsorge.

Die Suche nach Unterstützung ist ein wichtiger Aspekt der emotionalen Selbstfürsorge. Elternschaft kommt nicht mit einem Handbuch, und jedes Elternteil steht vor einzigartigen Herausforderungen. Sich mit anderen Eltern zu verbinden, Selbsthilfegruppen beizutreten oder bei Bedarf professionelle Hilfe in Anspruch zu nehmen, bietet ein wertvolles Netzwerk, um Erfahrungen auszutauschen, Erkenntnisse zu gewinnen und emotionale Unterstützung zu erhalten. Eine offene Kommunikation mit einem Partner, Familienmitgliedern oder Freunden schafft ein unterstützendes Umfeld, in dem sich Eltern gehört und verstanden fühlen.

Psychisches Wohlbefinden ist eng mit emotionaler Gesundheit verbunden. Selbstfürsorgepraktiken, die das psychische Wohlbefinden fördern, sind für Eltern unerlässlich. Das ständige Jonglieren mit Verantwortung, Entscheidungsfindung und Anpassung an die sich ändernden Bedürfnisse eines Kindes kann geistig anstrengend sein. Achtsamkeits- und Entspannungstechniken sind effektive Selbstfürsorgestrategien, die das psychische Wohlbefinden steigern.

Achtsam zu sein bedeutet, Gedanken und Gefühlen Aufmerksamkeit zu schenken, ohne sie zu verurteilen und im gegenwärtigen Moment zu sein. Das Einbeziehen von Achtsamkeitsübungen wie Yoga, Meditation oder tiefem Atmen in alltägliche Aufgaben gibt Eltern Ruhe und Klarheit. Diese Techniken verringern Stress und verbessern die Konzentration, das Urteilsvermögen und die kognitive Leistungsfähigkeit.

Einer der wichtigsten Bestandteile der mentalen Selbstfürsorge ist das Setzen von Grenzen. Eltern können sich aufgrund der vielen Anforderungen an ihre Zeit und Aufmerksamkeit während der Elternschaft überengagiert und überfordert fühlen. Das Festlegen eindeutiger Grenzen in Bezug auf Zeit und persönlichen Raum ermöglicht es Eltern, ihre Gesundheit an die erste Stelle zu setzen und Burnout zu vermeiden. Drei wichtige

Taktiken, um die psychische Gesundheit zu erhalten, sind, sich Zeit für die Selbstfürsorge zu nehmen, Verantwortlichkeiten zuzuweisen und zu lernen, wann man Nein sagen sollte.

Die Bewahrung des Identitätsgefühls ist für viele Eltern eine große Herausforderung, da sich der Fokus oft ganz auf die Bedürfnisse des Kindes verlagert. Selbstfürsorge bedeutet, die eigenen Interessen, Leidenschaften und Ziele zu erkennen und zu pflegen. Die Aufrechterhaltung eines Identitätsgefühls trägt zur persönlichen Erfüllung bei und ist ein positives Beispiel für Kinder, indem es betont, wie wichtig es ist, seine Ziele zu verfolgen.

Die Pflege sozialer Beziehungen außerhalb der Mutterschaft, das Verfolgen persönlicher Interessen und das Aufnehmen von Hobbys tragen zu einem abgerundeten Selbstbewusstsein bei. Sich Zeit für angenehme und erfüllende Aktivitäten zu nehmen, hält Eltern mit ihrem einzigartigen Selbst verbunden und fördert ein gesundes Gleichgewicht zwischen elterlichen Pflichten und persönlichem Vergnügen. Die Einbeziehung von Kindern in Gruppenaktivitäten hilft ihnen auch, sich verbunden zu fühlen und die Gesellschaft des anderen zu schätzen.

Die Vereinbarkeit von elterlichen Pflichten mit persönlichen und beruflichen Anforderungen erfordert ein effektives Zeitmanagement, ein weiterer wichtiger Aspekt der Selbstfürsorge. Das Priorisieren und Organisieren von Aufgaben, das Setzen realistischer Ziele und das Erkennen des Wertes von Ausfallzeiten tragen zu einer effektiven Zeitmanagementstrategie bei. Wenn Sie sich Zeit für Aktivitäten zur Selbstfürsorge nehmen, sei es Sport, Lesen oder einem Hobby nachgehen, stellen Sie sicher, dass Eltern ihr Wohlbefinden inmitten ihrer zahlreichen Verpflichtungen in den Vordergrund stellen.

Die Bedeutung der Selbstfürsorge für Eltern erstreckt sich nicht nur auf das individuelle Wohlbefinden, sondern auch auf die Gesamtdynamik der Familie. Ein Elternteil, das sich um sich selbst kümmert, ist besser gerüstet, um mit den Herausforderungen der Elternschaft umzugehen, ein positives und unterstützendes Familienumfeld aufrechtzuerhalten und seinen Kindern gesunde Verhaltensweisen vorzuleben. Kinder profitieren davon, Eltern zu beobachten, die der Selbstfürsorge Priorität einräumen, und wertvolle Lektionen über die Bedeutung von Wohlbefinden, Ausgeglichenheit und Selbstachtung zu lernen.

Zusammenfassend lässt sich sagen, dass Selbstfürsorge ein wesentlicher Aspekt einer effektiven Elternschaft ist und zur allgemeinen Gesundheit und zum Wohlbefinden der Eltern beiträgt. Körperliches, emotionales und geistiges Wohlbefinden sind miteinander verbundene Komponenten, die bewusste und konsequente Aufmerksamkeit erfordern. Indem sie der Selbstfürsorge Priorität einräumen, verbessern Eltern ihre Fähigkeit, sich in der Komplexität der Elternschaft zurechtzufinden, und schaffen die Voraussetzungen für ein positives und förderndes familiäres Umfeld. Die Anerkennung des Wertes der Selbstfürsorge ist ein wesentlicher Bestandteil einer belastbaren und ethischen Erziehung, keine eigennützige Geste. Eine Elternschaft, die ihre Gesundheit in den Vordergrund stellt, schafft die Grundlage für ein glücklicheres, gesünderes und erfüllteres Familienleben.

Zeit für persönliche Hobbys finden

In der Hektik des Alltags, gefüllt mit beruflichen Verpflichtungen, familiären Verpflichtungen und dem ständigen Summen der Technologie, kann es oft wie ein Luxus erscheinen, Zeit für persönliche Hobbys zu finden, der seltenen Freizeitmomenten vorbehalten ist. Persönlichen Hobbys nachzugehen, ist jedoch nicht nur ein frivoler Genuss, sondern ein wichtiger Aspekt der Selbstfürsorge und des persönlichen Wachstums. Dieser Abschnitt befasst sich mit der Bedeutung persönlicher Hobbys, den Herausforderungen, sich in einer geschäftigen Welt Zeit für sie zu nehmen, und den Vorteilen, die Einzelpersonen daraus ziehen, wenn sie ihre Leidenschaften priorisieren und pflegen.

Persönliche Hobbys umfassen verschiedene Aktivitäten, die der Einzelne zum Vergnügen, zur Entspannung und zur persönlichen Erfüllung ausübt. Von künstlerischen Aktivitäten wie Malen und Musikinstrumenten bis hin zu körperlichen Aktivitäten wie Gartenarbeit oder Sport bieten Hobbys eine Möglichkeit, Kreativität auszudrücken, Stress abzubauen und Erfolgserlebnisse zu fördern. Während die spezifischen Hobbys von Person zu Person sehr unterschiedlich sein können, ist der gemeinsame Nenner die intrinsische Freude und Zufriedenheit, die sich aus diesen Aktivitäten ergibt.

Eine der größten Herausforderungen, mit denen Menschen konfrontiert sind, wenn es darum geht, Zeit für persönliche Hobbys zu finden, ist das unerbittliche Tempo des modernen Lebens. Die Anforderungen von Arbeit, Familie und sozialen Verpflichtungen führen oft dazu, dass sich der Einzelne ausgelaugt fühlt und wenig Raum für Aktivitäten hat, die unwesentlich erscheinen. Die Wahrnehmung persönlicher Hobbys als "zusätzlich" oder "optional" verdrängt sie oft an das Ende der Prioritätenliste, was zu vernachlässigten Leidenschaften und unerforschten Interessen führt.

Zeit für persönliche Hobbys zu finden, ist im digitalen Zeitalter trotz seiner unglaublichen Bequemlichkeit und Vernetzung schwieriger geworden. Die Menschen können unter Zeitmangel leiden und sich aufgrund des ständigen Ansturms von E-Mails und Benachrichtigungen und des Wunsches, in sozialen Medien zu surfen, überfordert fühlen. Die Planung bestimmter Zeit für Hobbys wird durch die Unschärfe der Grenzen zwischen Arbeit und Privatleben erschwert.

Trotz dieser Schwierigkeiten ist es wichtig, sich Zeit für persönliche Interessen zu nehmen. Menschen sind glücklicher und erfüllter, wenn sie an freudigen Aktivitäten teilnehmen. Sich mit Hobbys zu beschäftigen ist eine wirksame Möglichkeit für Menschen, sich vom Stress des Alltags zu lösen und sich in Beschäftigungen zu verlieren, für die sie sich begeistern.

Auch persönliche Hobbys spielen eine entscheidende Rolle bei der Förderung der psychischen Gesundheit. Die immersive Natur eines Hobbys, sei es Lesen, Malen oder Gartenarbeit, ermöglicht es dem Einzelnen, in einen Zustand des Fließens zu gelangen. In diesem mentalen Zustand gehen sie ganz in der Aktivität auf, erleben tiefe Konzentration und ein Gefühl der Zeitlosigkeit. Dieser Flow-Zustand wurde mit erhöhtem Glück, reduzierter Angst und einem verbesserten allgemeinen Wohlbefinden in Verbindung gebracht.

Darüber hinaus tragen persönliche Hobbys dazu bei, ein abgerundetes und ausgeglichenes Leben zu entwickeln. Beim Streben nach beruflichem Erfolg oder bei der Erfüllung familiärer Verpflichtungen kann es vorkommen, dass Individuen unbeabsichtigt andere Dimensionen ihrer Identität vernachlässigen. Hobbys bieten eine Möglichkeit, sich selbst auszudrücken, zu erforschen und Fähigkeiten und Interessen außerhalb des Rahmens beruflicher oder familiärer Rollen zu entwickeln. Diese facettenreiche Auseinandersetzung mit dem Leben trägt zu einem Gefühl der Ganzheit und persönlichen Erfüllung bei.

Sich Zeit für persönliche Hobbys zu nehmen, ist kein Egoismus, sondern eine Investition in das körperliche und emotionale Wohlbefinden. Die verjüngende Wirkung eines Hobbys geht über die Dauer der Aktivität selbst hinaus. Menschen, die ihre Leidenschaften in den Vordergrund stellen, stellen sich oft energiegeladener, konzentrierter und widerstandsfähiger, wenn es darum geht, sich den Herausforderungen des täglichen Lebens zu stellen. Die Vorteile eines gut gepflegten Hobbys wirken sich auf verschiedene Aspekte des Lebens eines Individuums aus und wirken sich positiv auf Beziehungen, Arbeitsleistung und allgemeine Lebenszufriedenheit aus.

Trotz der unzähligen Vorteile benötigen Einzelpersonen oft Hilfe bei der praktischen Aufgabe, Zeit für persönliche Hobbys zu finden. Ein erster Schritt zur Priorisierung von Hobbys ist ein Mentalitätswandel, der die Bedeutung von Selbstfürsorge und persönlicher Erfüllung erkennt. Die Erkenntnis, dass emotionales Wohlbefinden eine Priorität und kein nachträglicher Gedanke ist, bildet die Grundlage für die aktive Suche und Schaffung von Möglichkeiten für das Engagement als Hobby.

Um Zeit für persönliche Aktivitäten zu finden, ist ein effektives Zeitmanagement erforderlich. Die Menschen können damit beginnen, ihre Wochen- oder Tagespläne zu bewerten und bestimmte Zeiten festzulegen, die sie für ihre Interessen reservieren können. Dies kann bestimmte Zeiten festlegen, z. B. eine Stunde am Wochenendmorgen oder eine Stunde am Abend, nur für Ihre Aktivität. Persönliche Hobbys zu einem festen Bestandteil der eigenen Routine zu machen, erfordert eine bewusste Planung und Engagement für diese Zeit.

Das Setzen vernünftiger Erwartungen ist eine weitere wichtige Komponente, wenn es darum geht, persönliche Aktivitäten in einen vollen Terminkalender zu integrieren. Zu verstehen, dass eine ausgedehnte Teilnahme am Hobby nicht täglich möglich ist und dass gelegentliche Rückschläge normal sind, kann Menschen helfen, mit möglichen Rückschlägen umzugehen, ohne aufzugeben. Anpassungsfähig in Ihrem Ansatz zu sein, nimmt den Druck, angesichts sich ändernder Umstände einem strengen Plan zu folgen.

Die Priorisierung persönlicher Hobbys kann auch das Aushandeln von Grenzen mit externen Anforderungen beinhalten. Das Bedürfnis nach dedizierter Hobbyzeit mit Familienmitgliedern oder Kollegen zu kommunizieren, fördert das Verständnis und die Unterstützung. Das Festlegen klarer Grenzen, wie z. B. die Ausweisung bestimmter Stunden als "Hobbyzeit" und die Minimierung von Ablenkungen während dieser Zeit, trägt dazu bei, ein Umfeld zu schaffen, das ein konzentriertes Engagement fördert.

Digital Detox ist eine immer beliebter werdende Strategie, um Zeit für persönliche Hobbys zu finden und den Stecker von elektronischen Geräten zu ziehen, auch wenn es nur für kurze Zeit ist. Es kann Zeit freisetzen, die sonst mit gedankenlosem Scrollen oder Beantworten von Arbeits-E-Mails verbracht würde. Die Schaffung einer ausgewiesenen "technikfreien" Zone während der Hobbyzeit verbessert die immersiven und therapeutischen Aspekte der Aktivität.

Das Einbeziehen persönlicher Interessen in alltägliche Aktivitäten ist eine weitere gute Strategie, um eine ständige Teilnahme zu gewährleisten. Menschen können zum Beispiel ihre Hobbys mit ihren aktuellen Aktivitäten verbinden, indem sie beispielsweise körperliche

Aktivitäten wie Gehen oder Radfahren in ihr Trainingsprogramm integrieren oder während des Pendelns Hörbücher oder Podcasts zu ihren Interessen hören.

Ein weiterer Faktor, um persönliche Hobbys in den Alltag zu integrieren, ist ihre soziale Komponente. Die Teilnahme an Organisationen, Hobbygruppen oder Schulen bietet ein soziales und strukturiertes Umfeld, das die Verantwortlichkeit und Motivation verbessert. Die Ausübung von Hobbys als Gruppenunterfangen und als Gelegenheit zur Bindung entsteht, wenn gemeinsame Erfahrungen mit Freunden oder der Familie gemacht werden.

Darüber hinaus gehen die Vorteile eines persönlichen Hobbys über die Freizeit hinaus. Unternehmen und Organisationen erkennen zunehmend die Vorteile von Hobbys für die Produktivität und das Wohlbefinden ihrer Mitarbeiter. Mitarbeiter, die in einer Atmosphäre arbeiten, die die Work-Life-Balance unterstützt und es ihnen ermöglicht, ihren Leidenschaften nachzugehen, sind glücklicher und engagierter.

Zusammenfassend lässt sich sagen, dass es kein Genuss ist, Zeit für persönliche Hobbys zu finden, sondern ein wichtiger Bestandteil der Aufrechterhaltung des allgemeinen Wohlbefindens in der schnelllebigen und anspruchsvollen Landschaft des heutigen Lebens. Das Erkennen der Bedeutung persönlicher Leidenschaften, die Kultivierung einer Denkweise, die der Selbstfürsorge Priorität einräumt, und die Umsetzung praktischer Strategien für das Zeitmanagement sind wesentliche Schritte, um sicherzustellen, dass persönliche Hobbys zu einem integralen und beständigen Bestandteil des täglichen Lebens werden. Wenn sich Menschen aktiv mit ihren Leidenschaften beschäftigen, erleben sie die unmittelbaren Vorteile von Stressabbau und Freude und tragen zu einem ausgeglichenen, erfüllten und bereicherten Leben bei.

Unterstützung von anderen suchen

Im komplizierten Geflecht menschlicher Erfahrung ist die Reise durch das Leben von verschiedenen Herausforderungen, Triumphen und Momenten geprägt, die unsere Erzählungen prägen. Inmitten der Komplexität dieser Reise erweist sich die Suche nach Unterstützung durch andere als ein kraftvoller und wesentlicher Aspekt bei der Bewältigung der unvermeidlichen Höhen und Tiefen. Dieser Abschnitt befasst sich mit der Bedeutung der Suche nach Unterstützung, ihren verschiedenen Formen und ihren transformativen Auswirkungen auf das Wohlbefinden, die Resilienz und das Gefühl der Verbundenheit.

Im Kern ist die Suche nach Unterstützung eine

Anerkennung der menschlichen Verletzlichkeit und eine Umarmung der inhärenten Interdependenz, die die menschliche Existenz kennzeichnet. In dem Maße, in dem die Menschen erkennen, dass das Bitten um Hilfe kein Zeichen von Schwäche ist, sondern anstelle von Stärke und Wissen, wird der Mythos der Autarkie widerlegt. Sich an andere zu wenden, um Unterstützung zu erhalten, sei es angesichts von Stress, persönlichen Kämpfen oder Errungenschaften, baut ein Netzwerk von Verbindungen auf, das die menschliche Erfahrung verbessert.

Eine der wichtigsten Formen der Unterstützung ist die emotionale Unterstützung, bei der man seine Gefühle, Erfahrungen und Verletzlichkeiten mit vertrauenswürdigen Personen teilt. Diese Unterstützung ist die Grundlage für das emotionale Wohlbefinden und bietet dem Einzelnen einen sicheren Raum, in dem er sich authentisch ausdrücken kann. Emotionale Unterstützung fördert ein Gefühl der Bestätigung, des Einfühlungsvermögens und des Verständnisses und schafft einen Puffer gegen Gefühle der Isolation oder Einsamkeit. Mit einem Freund, einem Familienmitglied oder einer Vertrauensperson über Herausforderungen oder Freuden zu sprechen, kann zutiefst therapeutisch sein, eine neue Perspektive bieten und die emotionale Belastung lindern.

Praktische Unterstützung ist eine weitere wichtige Dimension, wenn es darum geht, Hilfe von anderen zu suchen. In Zeiten konkreter Herausforderungen oder überwältigender Aufgaben kann die praktische Unterstützung die Unterstützung bei den täglichen Aufgaben wie Kinderbetreuung, Hausarbeit oder logistischen Vorkehrungen umfassen. Freunde, Familie oder Gemeindemitglieder können einspringen, um die Last zu teilen, Erleichterung zu schaffen und ein Gefühl der kollektiven Verantwortung zu schaffen. Diese Form der Unterstützung ist besonders wichtig bei Lebensübergängen, Krisen oder Zeiten erhöhten Stresses, wenn die Anforderungen an die Zeit und Energie einer Person ihre Kapazität übersteigen können.

Die logische Konsequenz der praktischen Unterstützung ist von entscheidender Bedeutung, was bedeutet, materielle Ressourcen, Rat oder Anleitung zu erhalten. Ob Geld, fachkundige Beratung oder Spezialwissen, instrumentelle Unterstützung gibt den Menschen die Ressourcen und Werkzeuge an die Hand, die sie benötigen, um Hindernisse zu überwinden. Fundierte Urteile zu fällen, Herausforderungen zu meistern und persönliche oder berufliche Ziele zu erreichen, kann erleichtert werden, indem man sich von Mentoren, Fachleuten oder informierten Kollegen beraten lässt.

Die Kraft, um Hilfe zu bitten, ist besonders ausgeprägt, wenn es um die psychische Gesundheit geht. Probleme mit der psychischen Gesundheit, wie Stress, Depressionen oder Angstzustände, können einen erheblichen Einfluss auf die Lebensqualität und das allgemeine Wohlbefinden haben. Einer der wichtigsten Schritte auf dem Weg zur Genesung und Heilung besteht darin, Hilfe von Spezialisten für psychische Gesundheit wie Therapeuten oder Beratern in Anspruch zu nehmen. Diese Experten bieten spezialisierte Unterstützung, Bewältigungsmechanismen, therapeutische Interventionen und eine sichere Umgebung, in der Menschen ihre Gefühle erforschen können. Die Suche nach Hilfe ist in einer Kultur, die die Unterstützung der psychischen Gesundheit entstigmatisiert und offene

Diskussionen über psychische Gesundheit fördert, normal.

Die Wichtigkeit, Unterstützung zu suchen, erstreckt sich nicht nur auf das individuelle Wohlbefinden, sondern auch auf die Dynamik von Beziehungen und Gemeinschaften. Die Bereitschaft, Unterstützung zu suchen und anzubieten, schafft einen wechselseitigen und dynamischen Austausch in zwischenmenschlichen Beziehungen. Freunde, Familienmitglieder und Partner, die sich gegenseitig aktiv unterstützen, tragen dazu bei, vertrauensvolle und belastbare Beziehungen zu entwickeln. Diese gegenseitige Unterstützung fördert das Gefühl der Zugehörigkeit, der Sicherheit und des gemeinsamen Wachstums und verbessert die allgemeine Qualität der Beziehungen.

Gemeinschaften sind von entscheidender Bedeutung für die Bereitstellung von Unterstützungsnetzwerken, die durch geografische Nähe, gemeinsame Interessen oder alltägliche Erfahrungen definiert sind. Die Unterstützung durch die Gemeinschaft kann sich in verschiedenen Formen manifestieren, von der Nachbarschaftshilfe in Krisenzeiten bis hin zu Online-Foren, die Einzelpersonen mit gemeinsamen Erfahrungen verbinden. Das Zugehörigkeitsgefühl und die gemeinsame Identität einer Gemeinschaft schaffen ein Unterstützungssystem, das über individuelle Herausforderungen hinausgeht und die kollektive Stärke und Widerstandsfähigkeit betont.

Obwohl das Bitten um Hilfe ein sehr effektives Instrument sein kann, erfordert es auch, offen dafür zu sein und bereit zu sein, verletzlich zu sein. Der soziale Druck, unabhängig und autark zu sein, macht es den Menschen schwer, um Hilfe zu bitten, weil sie befürchten, verurteilt zu werden, oder weil sie denken, dass dies ein Zeichen von Schwäche ist. Es hilft, Situationen zu schaffen, in denen sich Menschen sicher fühlen und ermutigt werden, sich zu melden, wenn sich kulturelle Narrative verschieben, um die Idee anzunehmen, dass um Hilfe zu bitten ein gewagtes und anpassungsfähiges Verhalten ist.

Darüber hinaus können kulturelle und systemische Faktoren den Zugang des Einzelnen zu Unterstützung beeinflussen. Das Stigma rund um die psychische Gesundheit, begrenzte Ressourcen für bestimmte Gemeinschaften oder systemische Barrieren beim Zugang zu professioneller Hilfe können Menschen daran hindern, die Unterstützung zu suchen, die sie benötigen. Um diese Ungleichheiten zu beseitigen, bedarf es gemeinsamer Anstrengungen, um Inklusivität zu fördern, Stigmatisierung abzubauen und sicherzustellen, dass Unterstützungssysteme für alle Menschen zugänglich sind, unabhängig von ihrem Hintergrund oder ihren Lebensumständen.

Die transformative Wirkung der Suche nach Unterstützung zeigt sich in zahlreichen Geschichten aus dem wirklichen Leben, in denen Menschen, die mit Widrigkeiten konfrontiert sind, durch Verbundenheit Stärke und Widerstandsfähigkeit gefunden haben. Gemeinsame Erfahrungen bei der Bewältigung persönlicher, beruflicher oder gesellschaftlicher Herausforderungen unterstreichen die tiefgreifende Wirkung von Unterstützungsnetzwerken. Unterstützung kann von unerwarteten Seiten kommen, was die Bedeutung betont, offen für Verbindungen zu bleiben und zu erkennen, dass der Einzelne seinen Weg nicht allein bewältigen muss.

Zusammenfassend lässt sich sagen, dass die Suche nach Unterstützung durch andere ein dynamischer und facettenreicher Aspekt der menschlichen Erfahrung ist, der das individuelle Wohlbefinden, die Beziehungen und die Gemeinschaften tiefgreifend beeinflusst. Ob in Zeiten des Feierns oder der Not, wenn wir auf andere zugehen, entsteht ein Teppich der Verbindung, der das Gefüge unseres Lebens bereichert und stärkt.

Emotionale, praktische und instrumentelle Unterstützung bilden ein Kontinuum, das verschiedene Dimensionen menschlicher Bedürfnisse anspricht und zu Resilienz, Wachstum und einem Gefühl der gemeinsamen Menschlichkeit beiträgt. Durch die Förderung einer Kultur, die die Suche nach Unterstützung wertschätzt und normalisiert, können Einzelpersonen, Gemeinschaften und Gesellschaften ein Umfeld schaffen, in dem sich jeder befähigt fühlt, die Herausforderungen des Lebens mit der Kraft der Verbundenheit zu meistern.

KAPITEL IX

Elternschaft im Team

Effektive Co-Parenting-Strategien

Co-Parenting, die gemeinsame Erziehung getrennter oder geschiedener Eltern, ist ein komplexes und heikles Unterfangen, das das Wohlergehen und die Entwicklung der betroffenen Kinder erheblich beeinflusst. Während das Ende einer romantischen Beziehung das Ende einer Partnerschaft bedeuten kann, bleibt die Verantwortung der Elternschaft bestehen. Effektives Co-Parenting beinhaltet die gemeinsame Entscheidungsfindung, Kommunikation und gegenseitigen Respekt, um ein stabiles und unterstützendes Umfeld für Kinder zu schaffen. Dieser Abschnitt befasst sich mit den entscheidenden Komponenten einer effektiven gemeinsamen Elternschaft, den Herausforderungen, die sie mit sich bringen kann, und Strategien zur Förderung positiver Elternpartnerschaften, die das Wohl der Kinder in den Vordergrund stellen.

Effektives Co-Parenting beginnt mit Kommunikation. Eine kooperative und harmonische Co-Parenting-Beziehung basiert auf der Einrichtung offener und ehrlicher Kommunikationskanäle zwischen Co-Eltern. Die Einrichtung und Aufrechterhaltung einer regelmäßigen und transparenten Kommunikationslinie ist von entscheidender Bedeutung, um Vertrauen zu fördern, Fehlinterpretationen zu mildern und eine Einigung zwischen den Eltern in wichtigen Fragen zu gewährleisten, die die Entwicklung ihrer Kinder betreffen. Häufige Kommunikationskanäle wie Telefongespräche, E-Mails oder spezielle Co-Parenting-Anwendungen bieten ein Forum, um über das Wohlergehen der Kinder, akademische Angelegenheiten, außerschulische Aktivitäten und andere relevante Themen zu sprechen.

Effektives Co-Parenting setzt voraus, dass persönliche Gefühle von der Co-Parenting-Dynamik getrennt bleiben. Selbst wenn du noch Gefühle aus einer früheren Beziehung in dir trägst, musst du sie kategorisieren und die Bedürfnisse der Kinder an die erste Stelle setzen. Co- Eltern können geschickter zusammenarbeiten und ein Umfeld schaffen, in dem sich Kinder sicher und von beiden Elternteilen geliebt fühlen, indem sie die gemeinsame Verantwortung der Elternschaft im Auge behalten. Für Co-Eltern, die mit emotionalen Schwierigkeiten konfrontiert sind, kann es hilfreich sein, professionelle Hilfe in Anspruch zu nehmen, z. B. Beratung oder Therapie. Es bietet einen Zufluchtsort, um hartnäckige Probleme zu diskutieren und Bewältigungsmechanismen zu entwickeln.

Die Erstellung eines strukturierten und konsistenten Erziehungsplans ist für eine effektive gemeinsame Elternschaft von entscheidender Bedeutung. Ein Erziehungsplan legt den vereinbarten Zeitplan für die Kinder fest, einschließlich Besuchsregelungen, Feiertagen und besonderen Anlässen. Klarheit und Konsistenz im Erziehungsplan verringern die Unsicherheit für Eltern und Kinder und fördern die Stabilität. Flexibilität ist ebenfalls wichtig, da unerwartete Ereignisse Anpassungen des Plans erforderlich machen können. Co-Eltern, die Flexibilität und die Bereitschaft zeigen, sich an die Zeitpläne des anderen anzupassen, tragen zu einer kooperativeren und weniger streitigen Co-Parenting-Dynamik bei.

Der Respekt vor dem Erziehungsstil des anderen ist ein weiteres entscheidendes Element einer effektiven Co-Elternschaft. Zu erkennen und zu akzeptieren, dass Co-Eltern unterschiedliche Herangehensweisen an Disziplin, Routinen und das tägliche Leben haben können, ist für die Schaffung eines harmonischen Co-Parenting-Umfelds unerlässlich. Kinder profitieren davon, wenn Eltern in wichtigen Fragen geschlossen auftreten und gleichzeitig Raum für individuelle Erziehungsstile lassen. Konstruktive Diskussionen über Erziehungsphilosophien, Erwartungen und Prioritäten können dazu beitragen,

Erziehungsstrategien aufeinander abzustimmen und Konflikte zu minimieren.

Die Förderung und Erleichterung einer positiven

Beziehung zwischen den Kindern und beiden Elternteilen ist bei der gemeinsamen Elternschaft von größter Bedeutung. Kinder profitieren erheblich von starken und unterstützenden Beziehungen zu beiden Elternteilen, und Co-Eltern spielen eine entscheidende Rolle bei der Förderung dieser Verbindungen. Die Erleichterung regelmäßiger und sinnvoller Besuche, die Förderung einer offenen Kommunikation zwischen den Kindern und dem Elternteil, der nicht im Haushalt wohnt, und der Verzicht auf negative Kommentare über den anderen Elternteil tragen zu einer positiven Co-Parenting-Atmosphäre bei. Wenn Sie die Kinder dazu ermutigen, mit ihrer Großfamilie zu interagieren, können sie sich noch mehr verbunden und zugehörig fühlen.

Flexibilität und Anpassungsfähigkeit sind für Co-Eltern von Vorteil, wenn es darum geht, sich in der sich ständig verändernden Landschaft der Co-Elternschaft zurechtzufinden. Lebensumstände, Arbeitszeiten und die Bedürfnisse der Kinder können sich ändern, so dass Co-Eltern ihre Erziehungspläne und Kommunikationsstrategien entsprechend anpassen müssen. Co-Eltern, die bereit sind, zusammenzuarbeiten und sich an veränderte Umstände anzupassen, schaffen eine belastbare und reaktionsschnelle Co-Parenting-Dynamik.

Der effektive Umgang mit Konflikten ist ein unvermeidlicher Aspekt der gemeinsamen Elternschaft. Konflikte können auftreten, aber die Art und Weise, wie sie gelöst werden, bestimmt, wie sie sich auf die Dynamik der gemeinsamen Elternschaft und letztendlich auf die Kinder auswirken. Einfühlungsvermögen, aktives Zuhören und die Betonung der Suche nach Lösungen und nicht der Schuldzuweisung sind Bestandteile einer gesunden Streitbeilegung. Co-Eltern können gute Kommunikations- und Konfliktlösungsfähigkeiten durch Co-Parenting-Bildungsprogramme, Mediation oder Therapie erwerben.

Co-Eltern können eine stabilere häusliche Atmosphäre schaffen, indem sie ihren Kindern eine positive Problemlösung vorleben und Probleme konstruktiv lösen.

Die Konsistenz der gemeinsamen Werte und Erwartungen ist entscheidend für das Wohlergehen von Kindern. Co-Eltern können zusammenarbeiten, um einheitliche Regeln und Erwartungen in beiden Haushalten festzulegen und sicherzustellen, dass die Kinder Kontinuität in ihrer Erziehung erfahren. Die Vereinbarung von Schlafenszeit-Routinen, Hausaufgabenerwartungen und Bildschirmzeitregeln trägt dazu bei, einen nahtlosen Übergang für die Kinder zwischen beiden Haushalten zu schaffen. Beständigkeit gibt Kindern ein Gefühl der Sicherheit und Berechenbarkeit und trägt zu ihrem emotionalen Wohlbefinden bei.

In Fällen, in denen ein Co-Elternteil mit erheblichen Veränderungen im Leben konfrontiert ist, wie z. B. einem Umzug oder einer erneuten Heirat, werden offene Kommunikation und Zusammenarbeit noch wichtiger. Die Auswirkungen solcher Veränderungen auf das Leben der Kinder sollten transparent zwischen den Co-Eltern besprochen werden, und Anpassungen des Erziehungsplans können erforderlich sein. Co-Eltern, die das Wohl der Kinder in den Vordergrund stellen und bei solchen Übergängen Flexibilität zeigen, tragen zu einem anpassungsfähigeren und unterstützenderen Co-Parenting-Umfeld bei.

Die Einbeziehung von Stiefeltern oder neuen Partnern fügt der Co-Parenting-Dynamik eine Ebene hinzu. Offene Kommunikation und gegenseitiger Respekt zwischen Co-Eltern und Stiefeltern sind unerlässlich, um eine unterstützende und integrative Familienstruktur zu schaffen. Co-Eltern sollten Grenzen, Rollen und Erwartungen gegenüber den Stiefeltern festlegen und gleichzeitig positive Beziehungen zwischen Stiefeltern und den Kindern fördern. Die Aufrechterhaltung einer einheitlichen Front und die Achtung aller elterlichen Figuren im Leben der Kinder tragen zu einem Zusammenhalt der Familie bei.

Regelmäßige Überprüfungen des Wohlbefindens der Kinder, des schulischen Fortschritts und aller Bedenken, die sie möglicherweise haben, um den Co-Eltern wertvolle Einblicke in das Leben ihrer Kinder zu geben. Die Koordinierung der Bemühungen zur Unterstützung der Bildung, der Gesundheit und der außerschulischen Aktivitäten der Kinder trägt dazu bei, eine einheitliche Front zu schaffen, um auf die Bedürfnisse der Kinder einzugehen. Die gemeinsame Verantwortung für das allgemeine Wohlergehen der Kinder bildet die Grundlage für ein effektives Co-Parenting.

Zusammenfassend lässt sich sagen, dass effektives Co-Parenting eine kontinuierliche und bewusste Anstrengung ist, die Kommunikation, Zusammenarbeit und ein Engagement für das Wohl der Kinder erfordert. Um sich in der Komplexität der Co-Elternschaft zurechtzufinden, müssen persönliche Emotionen erkannt und bewältigt, klare Kommunikationskanäle eingerichtet und Konsistenz in den Erziehungsstrategien priorisiert werden. Durch die Förderung positiver Beziehungen zueinander, die Achtung individueller Erziehungsstile und die Anpassung an veränderte Umstände tragen Co-Eltern zu einem stabilen und unterstützenden Umfeld für ihre Kinder bei. Effektives Co-Parenting legt den Grundstein dafür, dass die Kinder emotional, sozial und akademisch gedeihen können, und schafft die Voraussetzungen für eine positive und widerstandsfähige Familiendynamik.

Kommunikation zwischen den Eltern

Die Kommunikation zwischen den Eltern ist ein grundlegendes Element, das die Dynamik einer Familie prägt. Die Art und Weise, wie Eltern kommunizieren, beeinflusst nicht nur ihre Beziehung, sondern auch das Wohlbefinden und die Entwicklung ihrer Kinder. Effektive Kommunikation fördert das Verständnis, die Zusammenarbeit und das Wir-Gefühl und schafft ein positives familiäres Umfeld. In diesem Abschnitt untersuchen wir die Bedeutung der Kommunikation zwischen Eltern, die Herausforderungen, die sie mit sich bringen kann, und Strategien, um die Qualität der

Kommunikation in einem familiären Umfeld zu verbessern.

Eine effektive Kommunikation zwischen den Eltern beginnt mit der Pflege eines offenen und transparenten Dialogs. Die Schaffung eines Umfelds, in dem sich beide Elternteile wohl fühlen, um ihre Gedanken, Gefühle und Bedenken auszudrücken, ist entscheidend für den Aufbau eines gegenseitigen Verständnisses. Offene Kommunikation legt den Grundstein für eine Partnerschaft, in der Eltern gemeinsam durch die verschiedenen Aspekte des Familienlebens navigieren können, von Erziehungsentscheidungen bis hin zur Lösung von Konflikten. Wenn Eltern offen kommunizieren, schaffen sie ein Vorbild für ihre Kinder und lehren sie, wie wichtig es ist, sich ehrlich und respektvoll auszudrücken.

Ein wichtiges Element der Eltern-zu-Eltern-Kommunikation, das gut funktioniert, ist aktives Zuhören. Respekt und ein Gefühl der Bestätigung werden gefördert, wenn Menschen den Standpunkten der anderen aufmerksam zuhören, ohne sofort zu unterbrechen oder Antworten zu geben. Zu hören, was gesagt wird, und die zugrunde liegenden Gefühle und Absichten zu verstehen, sind beides Bestandteile des aktiven Zuhörens. Eltern, die ihren Kindern aktiv zuhören, zeigen Empathie und fördern ein Umfeld, in dem alle Eltern respektiert und gehört werden.

Der Aufbau einer soliden Familieneinheit erfordert eine offene und ständige Kommunikation. Um Missverständnisse zu vermeiden, sollten Eltern versuchen, ihre Erwartungen, Werte und Erziehungstechniken klar und prägnant zu kommunizieren. Wenn die Kommunikation innerhalb der Familie konsistent ist, hilft sie, Vorhersehbarkeit zu schaffen, die es den Kindern ermöglicht, die Standards und Erwartungen der Familie zu verstehen. Eine klare und konsistente Kommunikation zwischen Eltern und Kindern schafft eine stabile, sichere Atmosphäre, die der emotionalen Gesundheit der Kinder zugute kommt.

Bei effektiver Kommunikation geht es nicht nur darum, Gedanken und Gefühle auszudrücken, sondern auch darum, den richtigen Zeitpunkt und Kontext für Diskussionen zu wählen. Zu verstehen, wann sinnvolle Gespräche geführt werden sollten, und ein förderliches Umfeld für die Kommunikation zu schaffen, trägt zur Gesamteffektivität der Interaktion bei. Eltern können davon profitieren, geeignete Gesprächszeiten zu wählen, für minimale Ablenkungen zu sorgen und eine entspannte Atmosphäre zu schaffen, die einen offenen Dialog fördert.

Eltern müssen sich ihrer nonverbalen Signale bewusst sein, da sie die mündliche Kommunikation verbessern oder beeinträchtigen können. Augenkontakt halten, nicken und offene Körperhaltungen einnehmen sind Beispiele für eine positive Körpersprache, die dazu beiträgt, das Verständnis und das Gefühl der Verbundenheit zwischen den Eltern zu fördern.

Unterschiedliche Kommunikationsstile, persönliche Stressoren oder ungelöste Probleme sind häufige Ursachen für Kommunikationsprobleme zwischen Eltern. Das Erkennen und Überwinden dieser Hindernisse ist unerlässlich, um eine positive Familiendynamik zu erhalten. Eltern, die unterschiedlich miteinander kommunizieren, können sich einig sein und ihre Methoden so anpassen, dass sie besser zueinander passen. Es ist wichtig, sich in schwierigen Momenten gegenseitig Mut zu machen, da Eltern in stressigen Situationen unwissentlich ihre Wut aufeinander reflektieren können. Ungelöste Streitigkeiten können die Kommunikation effektiv behindern. Daher sollten Eltern aktiv daran arbeiten, sie durch direkte Gespräche, Kompromisse und, falls erforderlich, durch Hilfe von außen anzugehen.

Die Rolle der emotionalen Intelligenz in der Kommunikation zwischen den Eltern ist von größter Bedeutung. Emotionale Intelligenz beinhaltet das Erkennen und Verstehen der eigenen Emotionen und der anderer Emotionen. Eltern mit hoher emotionaler Intelligenz können Gespräche mit Empathie führen, Konflikte konstruktiv bewältigen und ihren

Kommunikationsstil an verschiedene Situationen anpassen. Die Kultivierung der emotionalen Intelligenz ist ein kontinuierlicher Prozess, der die Qualität der zwischenmenschlichen Beziehungen innerhalb der Familie verbessert.

Konstruktive Konfliktlösung ist ein integraler Bestandteil einer effektiven Kommunikation zwischen Eltern. Meinungsverschiedenheiten sind in jeder Beziehung natürlich, aber die Art und Weise, wie mit Konflikten umgegangen wird, hat einen erheblichen Einfluss auf die Familiendynamik. Zu einer gesunden Konfliktlösung gehört es, das spezifische Problem zu respektieren, sich darauf zu konzentrieren und nach Lösungen zu suchen, die für beide Seiten von Vorteil sind. Das Erlernen und Anwenden von Konfliktlösungstechniken wie Kompromisse, aktives Zuhören und das Finden von Gemeinsamkeiten kann Eltern zugute kommen.

Die elterliche Teamarbeit ist ein entscheidendes Ergebnis einer effektiven Kommunikation. Wenn Eltern sich selbst als Team sehen, das darauf hinarbeitet, ihren Kindern ein fürsorgliches und unterstützendes Umfeld zu bieten, wird die Familiendynamik gestärkt. Teamarbeit beinhaltet gemeinsame Entscheidungsfindung, kollaborative Problemlösung und ein Gefühl der Einheit bei der Bewältigung der Herausforderungen der Elternschaft. Eltern, die sich als Team verstehen, leben ihren Kindern positives Verhalten vor und tragen zu einer harmonischen familiären Atmosphäre bei.

Der Einfluss der Kommunikation zwischen den Eltern geht über die elterliche Beziehung hinaus und beeinflusst die gesamte Familienkultur. Positive Kommunikationsmuster tragen dazu bei, eine gesunde Familienkultur zu entwickeln, die von Vertrauen, Zusammenarbeit und einem gemeinsamen Sinn geprägt ist. Im Gegensatz dazu kann ineffektive Kommunikation zu einer feindseligen Familienkultur beitragen, die von Spannungen, Missverständnissen und einem allgemeinen Mangel an Zusammenhalt geprägt ist. Eltern haben die Möglichkeit, die Familienkultur durch bewusste und positive Kommunikationspraktiken zu gestalten.

Die Integration von Familientreffen in die Routine kann die Kommunikation und Zusammenarbeit zwischen den Eltern verbessern. Regelmäßige Familientreffen bieten einen strukturierten Raum, um bevorstehende Ereignisse zu besprechen, Bedenken anzusprechen und Kinder gegebenenfalls in die Entscheidungsfindung einzubeziehen. Familientreffen fördern ein Gefühl der Inklusion und schaffen ein Forum für offene Kommunikation, um ein familiäres Umfeld zu schaffen, in dem sich jeder wertgeschätzt und gehört fühlt.

Elterliche Vorbilder haben einen erheblichen Einfluss auf die zwischenmenschlichen Beziehungen und Kommunikationsfähigkeiten von Kindern. Jugendliche erwerben Kommunikationsfähigkeiten, indem sie beobachten, wie ihre Eltern streiten und sich einig sind. Eltern, die praktische Kommunikationsfähigkeiten wie aktives Zuhören, Empathie und konstruktive Konfliktlösung zeigen, geben ihren Kindern eine wertvolle Blaupause für gesunde Beziehungen. Umgekehrt können Eltern, die ineffektiv kommunizieren, unbeabsichtigt negative Kommunikationsmuster an ihre Kinder weitergeben.

Technologie ist zu einem integralen Bestandteil der modernen Kommunikation geworden, und ihre Auswirkungen auf die Familiendynamik sind nicht zu übersehen. Technologie bietet zwar Komfort, kann aber auch zu Herausforderungen beitragen, wie z. B. einer verringerten persönlichen Interaktion, Missverständnissen durch Textnachrichten und dem Potenzial für Ablenkungen während der Familienzeit. Eltern sollten auf ihre Technologienutzung achten und sich bemühen, ein Gleichgewicht zu schaffen, das eine sinnvolle persönliche Kommunikation und Verbindung innerhalb der Familie ermöglicht.

Zusammenfassend lässt sich sagen, dass die Kommunikation zwischen den Eltern der Grundstein für eine gesunde Familiendynamik ist. Ein offener und transparenter Dialog, aktives Zuhören und eine konsequente Kommunikation tragen zu Verständnis, Zusammenarbeit und einer positiven Familienkultur bei. Herausforderungen in der Kommunikation können angegangen werden, indem unterschiedliche Kommunikationsstile erkannt und angesprochen werden, emotionale Intelligenz gefördert und konstruktive Konfliktlösung geübt wird. Die Art und Weise, wie Eltern kommunizieren, beeinflusst nicht nur ihre Beziehung, sondern prägt auch das gesamte familiäre Umfeld und wirkt sich auf das Wohlbefinden und die Entwicklung ihrer Kinder aus. Indem sie einer effektiven Kommunikation Vorrang einräumen, tragen Eltern zu einer Familiendynamik bei, die von Vertrauen, Einheit und dem gemeinsamen Engagement für ein unterstützendes und liebevolles Zuhause geprägt ist.

Ausbalancieren von Verantwortlichkeiten

Im komplizierten Tanz des modernen Lebens ist der Einzelne oft mit vielen Verantwortlichkeiten konfrontiert, die von persönlichen Verpflichtungen bis hin zu beruflichen Verpflichtungen reichen. Das Erreichen eines empfindlichen Gleichgewichts zwischen diesen verschiedenen Verantwortlichkeiten ist eine ständige Herausforderung, die strategische Planung, Anpassungsfähigkeit und ein ausgeprägtes Verständnis für persönliche Prioritäten erfordert. Dieser Abschnitt befasst sich mit der Komplexität des Ausgleichs von Verantwortlichkeiten, untersucht die Auswirkungen auf das Wohlbefinden des Einzelnen, die Herausforderungen, die sich aus konkurrierenden Anforderungen ergeben, und Strategien, um ein harmonisches Gleichgewicht zu erreichen, um ein erfülltes und sinnvolles Leben zu führen.

Die heutige Landschaft zeichnet sich durch eine ständig wachsende Anzahl von Verantwortlichkeiten aus, mit denen der Einzelne jonglieren muss. Die schiere Menge an Verantwortlichkeiten – von den Anforderungen einer geschäftigen Karriere bis hin zu Pflichten für Familie, Freunde und persönliche Interessen – kann lähmend sein. Auf dem Weg zu einem erfolgreichen und erfüllten Leben müssen Menschen oft einen heiklen Balanceakt bewältigen, bei dem die Zuweisung von Zeit, Energie und Aufmerksamkeit zu einer entscheidenden Determinante für das allgemeine Wohlbefinden wird.

Eine der größten Herausforderungen bei der Abwägung von Verantwortlichkeiten besteht darin, dass konkurrierende Anforderungen Stress und Überforderungsgefühle verursachen können. Der Druck, bei der Arbeit Fristen einzuhalten, sich um familiäre Verpflichtungen zu kümmern und persönliche Beziehungen zu pflegen, kann ein Gefühl der ständigen Dringlichkeit erzeugen. Wenn dieser hohe Stresspegel nicht bewältigt wird, kann dies das körperliche und emotionale Wohlbefinden einer Person beeinträchtigen. Um die negativen Folgen von Stress abzumildern, ist es von entscheidender Bedeutung, das empfindliche Gleichgewicht zu bewahren, das für ein effektives Verantwortungsmanagement erforderlich ist.

Karrierebezogene Aufgaben nehmen oft einen erheblichen Teil der Zeit und Energie einer Person in Anspruch. Die Anforderungen eines schnelllebigen und wettbewerbsorientierten Berufsumfelds können zu langen Arbeitszeiten, engen Fristen und dem ständigen Streben nach beruflichem Aufstieg führen. Während beruflicher Erfolg ein sinnvolles Unterfangen ist, kann ein Ungleichgewicht, das die Arbeit über das persönliche Wohlbefinden stellt, zu Burnout, verminderter Arbeitszufriedenheit und angespannten Beziehungen führen. Eine harmonische Balance zwischen beruflichen Ambitionen und persönlicher Erfüllung ist für nachhaltiges Karrierewachstum und allgemeine Lebenszufriedenheit unerlässlich.

Familiäre Verpflichtungen, einschließlich der Kindererziehung, der Pflege alternder Eltern und der Führung eines Haushalts, stellen eine weitere Ebene der Komplexität im Balanceakt des modernen Lebens dar. Die Erwartungen und Anforderungen, die mit familiären Rollen verbunden sind, können sowohl lohnend als auch herausfordernd sein. Die Bedürfnisse von Familienmitgliedern in Einklang zu bringen und sich gleichzeitig um das persönliche Wachstum und die eigenen Bestrebungen zu kümmern, erfordert einen nuancierten Ansatz. Die Fähigkeit, diese familiären Verpflichtungen flexibel zu bewältigen und die Zeit effektiv zu verwalten, ist entscheidend für die Förderung eines unterstützenden und harmonischen familiären Umfelds.

Soziale und gemeinschaftliche Verantwortlichkeiten verleihen dem komplizierten Geflecht von Verpflichtungen des Einzelnen eine neue Dimension. Sich an sozialen Aktivitäten zu beteiligen, sich ehrenamtlich zu engagieren oder zu Gemeinschaftsinitiativen beizutragen, bereichert das Gefühl der Verbundenheit und des Zwecks. Es ist jedoch wichtig, die richtige Balance zwischen sozialem Engagement und persönlicher Zeit zu finden. Übermäßiges Engagement für soziale Verantwortung kann zu Erschöpfung führen und von grundlegenden Selbstfürsorgepraktiken ablenken, was sich letztendlich auf das allgemeine Wohlbefinden auswirkt.

Im Streben nach ausgleichenden Verantwortlichkeiten sollte das persönliche Wohlbefinden nicht geopfert werden. Selbstfürsorge, die körperliches, emotionales und geistiges Wohlbefinden umfasst, ist ein grundlegendes Element, das dazu beiträgt, dass ein Individuum in der Lage ist, sich in der Komplexität des Lebens zurechtzufinden. Der Verzicht auf die Vernachlässigung der Selbstfürsorge bei der Erfüllung von Verantwortlichkeiten kann zu Burnout, Müdigkeit und einer verminderten Fähigkeit, Verpflichtungen effektiv zu erfüllen, führen. Um Resilienz und allgemeine Zufriedenheit aufrechtzuerhalten, muss die Bedeutung der Selbstfürsorge anerkannt und in die Gesamtstrategie für den Umgang mit Verantwortlichkeiten integriert werden.

Selbst wenn die Technologie eine noch nie dagewesene Verbundenheit und Leichtigkeit bietet, ist es schwieriger, Verpflichtungen unter einen Hut zu bringen. Die ständige Flut von E-Mails, Textnachrichten und Benachrichtigungen kann zu einem anhaltenden Gefühl führen, "auf Abruf" zu sein, was es schwieriger macht, zwischen Privat- und Berufsleben zu unterscheiden. Das Setzen von Grenzen, das Setzen von Prioritäten und das Entwickeln einer positiven Verbindung zur Technologie sind für ein effektives Zeitmanagement im digitalen Zeitalter notwendig, um zu verhindern, dass es eher ein Stressfaktor als eine Effizienzhilfe ist.

Strategien für den Ausgleich von Verantwortlichkeiten umfassen einen vielschichtigen Ansatz, der individuelle Prioritäten, ein effektives Zeitmanagement und die Kultivierung von Resilienz berücksichtigt. Es ist wichtig, Prioritäten zu setzen; Die Menschen müssen Pflichten und Verpflichtungen erkennen und sich darauf konzentrieren, die mit ihren Grundüberzeugungen und langfristigen Zielen übereinstimmen. Diese bewusste Strategie hilft den Menschen, ihre Zeit und Mühe Beschäftigungen zu widmen, die das größte Potenzial haben, ihr Glück und ihr Gefühl der Erfüllung zu verbessern.

Die Implementierung von Techniken wie die Erstellung von Zeitplänen, die Festlegung angemessener Fristen und die Verwendung von Produktivitätstools sind Teil eines effektiven Zeitmanagements. Verpflichtungen realistischer zu gestalten und die Wahrscheinlichkeit zu verringern, sich überfordert zu fühlen, kann erreicht werden, indem umfangreiche Aktivitäten in kleinere, überschaubarere Phasen unterteilt werden. Darüber hinaus ermöglicht die Nutzung der Delegationsbefugnis, wenn möglich, Einzelpersonen, Verantwortlichkeiten zu teilen und ihre Last zu verringern, wodurch ein kollaborativerer Ansatz bei der Verwaltung von Verpflichtungen gefördert wird.

Flexibilität ist eine wesentliche Eigenschaft, wenn es darum geht, Verantwortung auszubalancieren. Das Leben ist dynamisch und es können unvorhergesehene Herausforderungen oder Chancen auftreten. Menschen, die ihre Verantwortung mit Anpassungsfähigkeit und der Bereitschaft angehen, ihre Pläne bei Bedarf anzupassen, sind besser gerüstet, um sich in der Komplexität des modernen Lebens zurechtzufinden. Resilienz oder die Fähigkeit, sich nach einem Misserfolg wieder aufzurappeln, ist unerlässlich, um angesichts unvorhergesehener Schwierigkeiten die Fassung zu bewahren.

Effektive Kommunikation innerhalb persönlicher und beruflicher Beziehungen ist ein Eckpfeiler für ein erfolgreiches Verantwortungsmanagement. Eine klare und offene Kommunikation ermöglicht es dem Einzelnen, seine Bedürfnisse auszudrücken, Erwartungen zu formulieren und gemeinsam über gemeinsame Verantwortlichkeiten zu verhandeln. In familiären und sozialen Kontexten hilft die Kommunikation, ein gegenseitiges Verständnis für Prioritäten zu schaffen und fördert ein unterstützendes Netzwerk, das den Ausgleich erleichtert.

Das Festlegen von Grenzen ist ein wichtiger Bestandteil, um ein Gleichgewicht zwischen den Verantwortlichkeiten zu erreichen. Eine klare Abgrenzung zwischen Arbeit und Privatleben, das Definieren von Grenzen für soziales Engagement und das Setzen realistischer Erwartungen an sich selbst tragen zu einem nachhaltigeren Umgang mit Verantwortung bei. Grenzen schaffen Raum für den Einzelnen, sich um sich selbst zu kümmern, persönlichen Interessen nachzugehen und neue Energie zu tanken, was letztendlich seine Fähigkeit verbessert, Verpflichtungen effektiv zu erfüllen.

Achtsamkeitspraktiken wie Meditation und Reflexion bieten wertvolle Werkzeuge für Einzelpersonen, die danach streben, Verantwortlichkeiten auszugleichen. Durch die Kultivierung eines geschärften Bewusstseins für den gegenwärtigen Moment ermöglichen diese

Aktivitäten den Menschen, ihre Verpflichtungen mit Absicht und Aufmerksamkeit anzugehen. Darüber hinaus kann Achtsamkeit als Bewältigungsstrategie eingesetzt werden, um Stress zu kontrollieren und die schädlichen Auswirkungen widersprüchlicher Anforderungen auf die psychische Gesundheit zu verringern.

Zusammenfassend lässt sich sagen, dass das Jonglieren mit Verpflichtungen in der modernen Welt eine dynamische und komplexe Aufgabe ist, die bewusste Anstrengung und eine kalkulierte Strategie erfordert. Prioritäten zu setzen, Zeit sinnvoll zu nutzen und belastbar zu sein, ist unerlässlich, um die Anforderungen von Job, Familie, sozialem Leben und persönlichen Verpflichtungen unter einen Hut zu bringen. Die Aufrechterhaltung eines harmonischen Gleichgewichts ist entscheidend für das emotionale Wohlbefinden und trägt dazu bei, ein sinnvolles und glückliches Leben aufzubauen. Durch bewusste Taktiken, die Förderung von Flexibilität und die Wertschätzung der Selbstfürsorge können Menschen den komplexen Tanz der Verpflichtungen erfolgreich bewältigen und ein sinnvolles Leben führen.

KAPITEL X

Umgang mit besonderen elterlichen Herausforderungen

Umgang mit der Rebellion von Teenagern

Die Reise durch die Adoleszenz ist geprägt von einer Vielzahl physischer und psychischer Veränderungen, während Teenager den Weg zur Selbstfindung und Unabhängigkeit gehen. In dieser Phase sehen sich Eltern oft mit den Herausforderungen der Rebellion von Teenagern konfrontiert – einer komplexen und in der Regel turbulenten Zeit, in der Teenager ihre Autonomie behaupten und etablierte Autoritätspersonen herausfordern. Dieser Abschnitt befasst sich mit den Feinheiten des Umgangs mit der Rebellion von Teenagern, untersucht die zugrunde liegenden Ursachen, die Auswirkungen auf die Beziehungen zwischen Eltern und Teenagern und Strategien zur Förderung des Verständnisses und der Kommunikation in dieser entscheidenden Entwicklungsphase.

Die Rebellion von Teenagern ist ein natürlicher und erwarteter Aspekt der Entwicklung von Jugendlichen, der in der Suche des Teenagers nach Autonomie und einer eigenen Identität verwurzelt ist. Während Teenager tiefgreifende körperliche, emotionale und kognitive Veränderungen durchmachen, setzen sie sich mit dem Wunsch auseinander, ihre Individualität zu etablieren, unabhängig vom elterlichen Einfluss. Dieses Streben nach Unabhängigkeit manifestiert sich oft in der Rebellion gegen Regeln, dem Infragestellen von Autoritäten und dem Erforschen neuer Ideen und Erfahrungen. Auch wenn die Rebellion von Teenagern ein normaler Teil des Erwachsenwerdens ist, hängt die Aufrechterhaltung einer positiven und gesunden Eltern-Teenager-Beziehung davon ab, ihre Ursachen zu erkennen und ihre Hindernisse zu überwinden.

Einer der Hauptgründe für die Rebellion von Teenagern ist der Wunsch nach Autonomie und ein Gefühl der Kontrolle über das eigene Leben. Wenn Teenager danach streben, sich unabhängig von ihren Eltern zu definieren, können sie Regeln und Grenzen in Frage stellen, um ihre Individualität zu behaupten. Dieser Prozess ist essentiell für die Entwicklung eines starken und belastbaren Selbstgefühls. Der Konflikt zwischen dem Wunsch eines Teenagers nach Autonomie und der Verantwortung der Eltern für sein Wohlergehen kann jedoch zu Spannungen innerhalb der Familiendynamik führen.

Der Zusammenbruch der Kommunikation ist eine häufige Herausforderung in Zeiten der Rebellion von Teenagern. Teenager können sich missverstanden oder unfair eingeschränkt fühlen, was zu einem Zusammenbruch der effektiven Kommunikation mit ihren Eltern führt. Der Generationenkonflikt, unterschiedliche Perspektiven und die emotionale Intensität der Adoleszenz tragen zusätzlich zu diesem Zusammenbruch bei. Eltern müssen erkennen, wie wichtig es ist, auch angesichts von Rebellion offene Kommunikationswege aufrechtzuerhalten, um das gegenseitige Verständnis zu fördern und die Herausforderungen dieser Entwicklungsphase zu meistern.

Der Einfluss von Gleichaltrigen spielt eine wichtige Rolle bei der Rebellion von Teenagern. Wenn Teenager versuchen, ihre Identität zu etablieren, werden Beziehungen zu Gleichaltrigen von größter Bedeutung. Teenager können aufgrund von Gruppenzwang und dem Bedürfnis, sich anzupassen, Verhaltensweisen annehmen, die direkt im Widerspruch zu den Erwartungen und Idealen ihrer Eltern stehen. Die rebellische Dynamik von Jugendlichen wird durch die Spannung beeinflusst, die sich aus gegensätzlichem Druck wie Gruppenzwang und elterlicher Führung ergibt.

Eltern haben oft Schwierigkeiten, zwischen der alltäglichen Rebellion von Teenagern und besorgniserregenderen Verhaltensweisen zu unterscheiden, die ein Eingreifen rechtfertigen könnten. Das Experimentieren mit Identität, Werten und Interessen ist ein natürlicher Teil der Adoleszenz. Verhaltensweisen, die ein Risiko für das Wohlbefinden des Teenagers darstellen, wie z. B. Drogenmissbrauch, die Beteiligung an riskanten Aktivitäten oder ein schwerer akademischer Verfall, können jedoch auf zugrunde liegende Probleme hinweisen, die die Aufmerksamkeit der Eltern erfordern. Die Unterscheidung zwischen typischem rebellischem Verhalten und potenziellen Warnsignalen erfordert eine sorgfältige Beobachtung und ein Bewusstsein für die grundlegenden Verhaltensweisen des Teenagers.

Strategien für den Umgang mit der Rebellion von Teenagern konzentrieren sich auf die Förderung einer offenen Kommunikation, das Verständnis der zugrunde liegenden Motivationen und die Schaffung einer Grundlage des gegenseitigen Respekts. Ein wesentliches Element für eine effektive Kommunikation mit Teenagern ist aktives Zuhören. Ein Umfeld, in dem sich Teenager anerkannt und gehört fühlen, fördert offenere Gespräche. Eltern sollten nicht nur ihre Sorge um ihr Wohlergehen zum Ausdruck bringen, sondern auch den Standpunkt des Teenagers verstehen und sein Bedürfnis nach Unabhängigkeit respektieren.

Um mit der Rebellion von Teenagern umzugehen, müssen Grenzen gesetzt werden, die konstant und eindeutig sind. Teenager wollen Autonomie, aber um die Herausforderungen der Pubertät erfolgreich zu meistern, brauchen sie auch Struktur und Richtung. Teenager haben einen Rahmen, in dem sie ihre Freiheit verantwortungsvoll ausüben können, wenn es klare Erwartungen und Normen gibt. Es ist von entscheidender Bedeutung, Teenager zu ermutigen, Regeln auszuhandeln, ihnen ein Mitspracherecht bei Entscheidungen zu geben und ihnen ein Gefühl der Verantwortung für ihr Verhalten zu vermitteln.

In Zeiten der Rebellion baut eine positive Eltern- Teenager-Beziehung auf gegenseitigem Respekt auf. Das Gefühl der Handlungsfähigkeit und des Selbstwertgefühls eines Teenagers wird gestärkt, wenn seine Forderung nach Unabhängigkeit anerkannt und respektiert wird, selbst wenn dies dem widerspricht, was seine Eltern wollen. Ebenso sollten Eltern für ihre Rolle als Entscheidungsträger und Betreuer respektiert werden. Ein Gleichgewicht zwischen Individualität und Respekt vor Autoritäten zu finden, fördert eine weniger aggressive und kooperative Dynamik.

Empathie ist ein mächtiges Werkzeug für Eltern, die mit der Rebellion von Teenagern umgehen müssen. Das Erkennen der Herausforderungen und der emotionalen Intensität der Adoleszenz ermöglicht es Eltern, Konflikte mit Verständnis und Mitgefühl anzugehen. Es ist zwar wichtig, Grenzen zu setzen, aber die Durchsetzung von Regeln mit Empathie anzugehen, hilft Teenagern, sich anerkannt und unterstützt zu fühlen. Empathische Kommunikation fördert das Gefühl der Verbundenheit und fördert die Entwicklung einer sicheren Bindung zwischen Eltern und Jugendlichen.

Offene Diskussionen über Werte, Erwartungen und Konsequenzen zu fördern, hilft Teenagern, die Argumentation hinter Regeln zu verinnerlichen. Die Gründe für Entscheidungen zu erklären, anstatt sich nur auf Richtlinien zu verlassen, fördert kritisches Denken und ein tieferes Verständnis der Prinzipien, die elterliche Entscheidungen leiten. Dieser Ansatz ermutigt Teenager, ihren inneren Kompass zu entwickeln und fundierte Entscheidungen auf der Grundlage gemeinsamer Familienwerte zu treffen.

Die Verwendung positiver Verstärkung, um das Verhalten zu formen, ist während der Rebellion von Teenagern sehr effektiv. Das Erkennen und Loben positiver Verhaltensweisen stärkt das Erfolgserlebnis des Teenagers und fördert eine positive Eltern-Teenager-Beziehung. Positive Verstärkung kann verschiedene Formen annehmen, von verbaler Ermutigung über die

Anerkennung von Erfolgen bis hin zur Förderung eines unterstützenden Umfelds, das positive Entscheidungen fördert.

Eine unterstützende und nicht wertende Haltung

einzunehmen, ist entscheidend, wenn man mit der Rebellion von Teenagern umgeht. Teenager zögern vielleicht, ihre Gedanken und Erfahrungen zu teilen, wenn sie ein hartes Urteil oder eine Bestrafung befürchten. Die Schaffung eines Umfelds, in dem sich Teenager sicher fühlen, wenn sie sich ohne Angst vor unmittelbaren Konsequenzen ausdrücken können, fördert das Vertrauen und fördert eine ehrliche Kommunikation. Eine unterstützende Haltung bedeutet nicht, unangemessenes Verhalten zu dulden, sondern zeigt die Verpflichtung, den Teenager zu verstehen und ihn durch Herausforderungen zu führen.

In Fällen, in denen die Rebellion des Teenagers zu besorgniserregenden Verhaltensweisen eskaliert oder das Wohlbefinden des Teenagers erheblich beeinträchtigt, kann es notwendig sein, professionelle Unterstützung in Anspruch zu nehmen. Die therapeutische Intervention bietet sowohl Eltern als auch Jugendlichen einen neutralen und konstruktiven Raum, um die zugrunde liegenden Probleme zu erforschen, die Kommunikation zu verbessern und Strategien zur Bewältigung der Herausforderungen der Adoleszenz zu entwickeln. Professionelle Beratung kann positive Veränderungen fördern und die Eltern-Kind-Beziehung stärken.

Zusammenfassend lässt sich sagen, dass der Umgang mit

der Rebellion von Teenagern ein nuancierter und facettenreicher Prozess ist, der Empathie, effektive Kommunikation und die Verpflichtung zu gegenseitigem Respekt erfordert. Das Erkennen der zugrunde liegenden Motivationen hinter der Rebellion, die Förderung eines offenen Dialogs und das Setzen klarer Grenzen tragen zu einer gesünderen Eltern-Teenager-Beziehung bei. Während die Rebellion von Teenagern ein normaler Teil der Entwicklung von Teenagern ist, legt der Umgang mit Sensibilität und Verständnis den Grundstein für den erfolgreichen Übergang des Teenagers in die Unabhängigkeit und ins Erwachsenenalter. Durch bewusste Bemühungen, die Verbindung und Unterstützung aufrechtzuerhalten, können Eltern ihre Teenager durch die turbulenten Gewässer der Rebellion führen und so Wachstum, Widerstandsfähigkeit und ein starkes Fundament für zukünftige Beziehungen fördern.

Behandeln von gleichgeordneten Konflikten

Innerhalb des komplizierten Geflechts der Familiendynamik sind Geschwisterbeziehungen ein einzigartiger und komplexer Faden, der sich durch das Gewebe unseres Lebens zieht. Während diese Beziehungen eine Quelle der Kameradschaft, Unterstützung und lebenslangen Freundschaft sein können, bergen sie auch das Potenzial für Konflikte, die sich aus gemeinsamen Lebensräumen, unterschiedlichen Persönlichkeiten und dem natürlichen Wettbewerb ergeben, der Geschwisterbindungen innewohnt. Dieser Abschnitt befasst sich mit den Nuancen des Umgangs mit Geschwisterkonflikten, befasst sich mit den Faktoren, die zu Meinungsverschiedenheiten beitragen, den Auswirkungen auf die Familiendynamik und praktischen Strategien zur Förderung von Harmonie und Verständnis unter Geschwistern.

Geschwisterkonflikte sind ein inhärenter Aspekt des Familienlebens und ergeben sich aus der engen und oft intensiven Natur von Geschwisterbeziehungen. Die gemeinsame Geschichte, die alltäglichen Erfahrungen und die räumliche Nähe schaffen einen fruchtbaren Boden für Kameradschaft und Zwietracht. Konflikte können verschiedene Ursachen haben, darunter Unterschiede in der Persönlichkeit, unterschiedliche Interessen und der natürliche Wunsch nach Autonomie und Individualität. Das Verständnis der Vielschichtigkeit von Geschwisterkonflikten ist für Eltern und Betreuer von entscheidender Bedeutung, um diese Herausforderungen zu meistern und positive Geschwisterbeziehungen zu fördern.

Einer der Hauptgründe für Geschwisterkonflikte ist der Wettbewerb um elterliche Aufmerksamkeit und Ressourcen. Geschwister können um Anerkennung, Anerkennung oder Zuneigung der Eltern wetteifern, was zu Gefühlen der Rivalität und Eifersucht führt. Auch die Geburtenreihenfolge kann die Geschwisterdynamik maßgeblich beeinflussen, wobei Erstgeborene oft Führungsrollen übernehmen und jüngere Geschwister nach Wegen suchen, sich durchzusetzen. Eltern, die ein Umfeld schaffen wollen, in dem sich jedes Geschwisterkind wertgeschätzt und unterstützt fühlt, müssen diese Beziehungen anerkennen und sich damit auseinandersetzen.

Unterschiedliche Persönlichkeiten und Interessen unter Geschwistern können zu Konflikten beitragen, wenn sie sich in gemeinsamen Räumen und Ressourcen innerhalb der Familie zurechtfinden. Geschwister können unterschiedliche Vorlieben, Hobbys oder Temperamente haben, die aufeinanderprallen, was zu Meinungsverschiedenheiten darüber führt, wie gemeinsame Räume genutzt oder gemeinsame Ressourcen zugewiesen werden. Die Anerkennung und der Respekt vor diesen Unterschieden sind von entscheidender Bedeutung, um ein integratives familiäres Umfeld zu schaffen, das die Individualität jedes Geschwisters feiert und gleichzeitig die Zusammenarbeit fördert.

Der elterliche Einfluss auf Geschwisterkonflikte darf nicht unterschätzt werden. Die Art und Weise, wie Eltern Konfliktlösung, Kommunikation und den Ausdruck von Emotionen vorleben, beeinflusst maßgeblich, wie Geschwister mit Meinungsverschiedenheiten umgehen. Eltern, die ein gesundes Vorbild für die Lösung von Konflikten durch effektive Kommunikation, Kompromisse und Empathie sind, tragen dazu bei, dass ihre Kinder positive Konfliktlösungsfähigkeiten entwickeln. Umgekehrt können Eltern, die ungesundes Konfliktverhalten vorleben, unbeabsichtigt zur Eskalation von Geschwisterkonflikten beitragen.

Die Auswirkungen von Geschwisterkonflikten gehen über die unmittelbaren Beteiligten hinaus und beeinflussen die gesamte Familiendynamik. Anhaltende und ungelöste Konflikte können zu Spannungen, Stress und einem Gefühl des Unbehagens in der Familie führen. Geschwister können sich gezwungen fühlen, Partei zu ergreifen oder Allianzen zu suchen, was die Kluft weiter verschärft. Die emotionale Belastung durch anhaltende Konflikte kann die Eltern-Kind-Beziehung belasten und die Einheit der Familie stören. Geschwisterkonflikte proaktiv anzugehen, ist wichtig, um eine positive familiäre Atmosphäre aufrechtzuerhalten.

Praktische Strategien für den Umgang mit Geschwisterkonflikten drehen sich um die Förderung der Kommunikation, die Vermittlung von Konfliktlösungskompetenzen und die Förderung von Empathie in der Familie. Offene Kommunikation ist ein Grundpfeiler für die Beilegung von Streitigkeiten unter Geschwistern. Eltern müssen einen sicheren Raum schaffen, in dem Kinder ihre Gedanken, Gefühle und Meinungen frei ausdrücken können, ohne sich Sorgen machen zu müssen, verurteilt zu werden. Die Ermutigung von Geschwistern, direkt miteinander zu kommunizieren und nicht über die Eltern, fördert Autonomie und Eigenverantwortung bei der Lösung von Konflikten.

Das Unterrichten von Konfliktlösungsfähigkeiten gibt Geschwistern die Werkzeuge an die Hand, um Meinungsverschiedenheiten konstruktiv zu bewältigen. Strategien wie aktives Zuhören, das Ausdrücken von Gefühlen durch "Ich"-Aussagen und das Finden von Kompromissen befähigen Geschwister, zusammenzuarbeiten, um für beide Seiten akzeptable Lösungen zu finden. Eltern können diese Fähigkeiten aktiv fördern, indem sie Geschwister durch den Lösungsprozess führen, Vorschläge für Kompromisse machen und positive Kommunikationsmuster verstärken.

Die Förderung von Empathie innerhalb der Familie ist ein wirksames Gegenmittel gegen Geschwisterkonflikte. Geschwister zu ermutigen, die Perspektiven, Gefühle und Bedürfnisse des anderen zu berücksichtigen, fördert ein tieferes Verständnis und eine tiefere Verbindung. Eltern können sich an Aktivitäten beteiligen, die Empathie fördern, z. B. über die Auswirkungen von Handlungen auf andere sprechen, Geschwister ermutigen, sich in die Lage des anderen zu versetzen, und die Bedeutung gegenseitiger Unterstützung und Freundlichkeit betonen. Empathie ist eine Grundlage für den Aufbau positiver Geschwisterbeziehungen, die auf Verständnis und Mitgefühl basieren.

Die Festlegung klarer und konsistenter Familienregeln und -erwartungen trägt dazu bei, potenzielle Konfliktquellen zu entschärfen. Konflikte sind weniger wahrscheinlich, wenn Geschwister ein gemeinsames Verständnis von akzeptablen Verhaltensweisen, Verantwortlichkeiten und Grenzen haben. Die konsequente Durchsetzung von Regeln stellt sicher, dass für alle Geschwister die gleichen Standards gelten, was ein Gefühl der Fairness und Gleichheit innerhalb der Familie fördert. Klare Erwartungen tragen zu einem harmonischen familiären Umfeld bei, in dem die Mitglieder ihre Rollen und Verantwortlichkeiten verstehen.

Die Schaffung von Möglichkeiten für positive Geschwisterinteraktionen ist wichtig, um Geschwisterbindungen zu stärken und Konflikte abzubauen. Familienaktivitäten, gemeinsame Hobbys und gemeinsame Projekte ermöglichen es Geschwistern, sich zu verbinden, zusammenzuarbeiten und die Stärken des anderen zu schätzen. Diese positiven Interaktionen bilden eine Grundlage für gegenseitigen Respekt und gemeinsame Erfahrungen und tragen zur allgemeinen Resilienz von Geschwisterbeziehungen bei. Eltern können eine aktive Rolle dabei spielen, diese Möglichkeiten zu erleichtern und ein Gefühl der Kameradschaft unter Geschwistern zu fördern.

Geschwister zu ermutigen, Verantwortung für ihre Konflikte zu übernehmen und Lösungen zu finden, fördert Autonomie und Eigenverantwortung. Auch wenn elterliche Anleitung und Intervention manchmal notwendig sein kann, fördert die Befähigung von Geschwistern, Streitigkeiten beizulegen, die Unabhängigkeit und die Fähigkeit zur Konfliktlösung. Dieser Ansatz trägt dazu bei, eine kollaborative Denkweise zu entwickeln, in der Geschwister lernen, Konflikte gemeinsam zu bewältigen, anstatt sich nur auf die Intervention der Eltern zu verlassen.

Die Einrichtung von Räumen für jedes Geschwisterkind innerhalb des Hauses trägt dazu bei, Konflikte um Territorium und persönliche Gegenstände zu entschärfen. Ob durch gemeinsame Schlafzimmer, ausgewiesene Lernräume oder andere Wohnbereiche, Geschwistern ein Gefühl der Eigenverantwortung und des persönlichen Freiraums zu geben, verringert die Wahrscheinlichkeit von Meinungsverschiedenheiten über Grenzen. Die Achtung des persönlichen Raums trägt zu einem harmonischeren Zusammenleben bei, in dem jedes Geschwisterkind ein Gefühl der Autonomie und Kontrolle innerhalb des familiären Umfelds verspürt.

Eltern müssen sich der Bevorzugung bewusst sein, da wahrgenommene oder grundlegende Ungleichgewichte in der Aufmerksamkeit oder Behandlung Geschwisterkonflikte befeuern können. Während es für Eltern natürlich ist, unterschiedliche Beziehungen zu jedem Kind zu haben, die auf der Persönlichkeit und den gemeinsamen Interessen basieren, sollten die Bemühungen sicherstellen, dass sich alle Geschwister gleichermaßen geschätzt und unterstützt fühlen. Die Sorge um Bevorzugung direkt anzusprechen und die einzigartigen Qualitäten jedes Kindes zu würdigen, kann dazu beitragen, Gefühle von Ressentiments und Konkurrenz abzubauen.

In Fällen, in denen Konflikte andauern oder eskalieren, kann es von Vorteil sein, professionelle Beratung in Anspruch zu nehmen. Familientherapeuten oder -berater können wertvolle Einblicke in die zugrunde liegenden Dynamiken geben, Konfliktlösungsstrategien anbieten und die Kommunikation in der Familie erleichtern. Professionelle Unterstützung ist entscheidend, wenn Konflikte zu erheblichem Leid beitragen oder die Familiendynamik belasten.

Zusammenfassend lässt sich sagen, dass der Umgang mit Geschwisterkonflikten einen nuancierten und proaktiven Ansatz erfordert, der sich auf Kommunikation, Konfliktlösungsfähigkeiten und die Förderung positiver Beziehungen innerhalb der Familie konzentriert. Die Ursachen von Streitigkeiten zu verstehen, sie proaktiv anzugehen und Empathie und gegenseitigen Respekt zu fördern, trägt zu einer harmonischen Geschwisterdynamik bei. Während Konflikte in Geschwisterbeziehungen unvermeidlich sind, bieten sie auch Möglichkeiten für Wachstum, Verständnis und die Entwicklung wichtiger Lebenskompetenzen. Durch bewusste Bemühungen, ein unterstützendes familiäres Umfeld zu schaffen, können Eltern positive Geschwisterbeziehungen pflegen, die über die Kindheit hinaus Bestand haben und das Leben jedes Familienmitglieds bereichern.

Umgang mit besonderen Erziehungssituationen (z. B. Alleinerziehende)

Elternschaft ist eine dynamische Reise, die sich für jede Familie einzigartig entfaltet, und in dieser vielfältigen Landschaft stellen bestimmte Umstände besondere Herausforderungen dar. Besondere Erziehungssituationen, wie z. B. Alleinerziehende, erfordern Resilienz, Anpassungsfähigkeit und einen maßgeschneiderten Ansatz, um auf die besonderen Bedürfnisse von Eltern und Kindern einzugehen. Dieser Abschnitt befasst sich mit der Komplexität des Umgangs mit besonderen Erziehungssituationen, befasst sich mit den Herausforderungen, mit denen Alleinerziehende konfrontiert sind, und anderen einzigartigen Familienstrukturen und untersucht effektive Strategien zur Förderung eines fürsorglichen und unterstützenden Umfelds.

Insbesondere Alleinerziehende sind eine

Erziehungssituation, die ihre eigenen Herausforderungen mit sich bringt. Die Rolle eines alleinerziehenden Elternteils besteht darin, die Verantwortung zu schultern, die traditionell zwischen zwei Elternteilen aufgeteilt ist, einschließlich finanzieller Unterstützung, emotionaler Pflege und täglicher Pflege. Die Abwesenheit eines Co-Elternteils kann zu Gefühlen der Isolation und erhöhtem Stress beitragen, da Alleinerziehende oft mit den Anforderungen der Kindererziehung zu kämpfen haben, während sie sich um ihr eigenes Wohlbefinden und ihre beruflichen Verpflichtungen kümmern.

Eine der größten Herausforderungen für Alleinerziehende

ist die Notwendigkeit, mehrere Rollen ohne die Unterstützung eines Partners unter einen Hut zu bringen. Das Jonglieren mit beruflichen Verpflichtungen, Haushaltspflichten und den emotionalen Bedürfnissen von Kindern kann überwältigend sein. Alleinerziehende bewegen sich oft in einem heiklen Gleichgewicht, suchen nach Stabilität und Unterstützung, während sie mit den unvermeidlichen Einschränkungen von Zeit und Ressourcen konfrontiert sind. Das Erkennen der besonderen Anforderungen von Alleinerziehenden ist entscheidend für die Entwicklung von Strategien, die sowohl das Wohlergehen der Eltern als auch des Kindes fördern.

Eine weitere große Herausforderung für viele

Alleinerziehende ist die finanzielle Belastung. Das Fehlen eines zweiten Einkommens kann Alleinerziehendenhaushalte einem höheren Risiko wirtschaftlicher Instabilität aussetzen. Die Befriedigung der Grundbedürfnisse von Kindern, wie z. B. Wohnen, Bildung und Gesundheitsversorgung, kann eine sorgfältige Budgetierung und Einfallsreichtum erfordern. Alleinerziehende können auch Schwierigkeiten haben, eine bezahlbare und zuverlässige Kinderbetreuung zu finden, was zu Problemen mit der finanziellen Stabilität beiträgt.

Die emotionale Belastung durch Alleinerziehende ist beträchtlich. Alleinerziehende Eltern können Gefühle von Einsamkeit, Erschöpfung und Selbstzweifeln erleben, wenn sie die Komplexität der Elternschaft ohne Partner bewältigen. Um diese Hindernisse zu überwinden, kann es für Alleinerziehende hilfreich sein, ein robustes Unterstützungssystem aus Freunden, Familie und lokalen Diensten aufzubauen. Der Kontakt zu anderen Alleinerziehenden kann ein Gefühl der Solidarität schaffen, indem er eine Plattform für den Austausch von Gedanken und Erfahrungen bietet.

Ein effektives Zeitmanagement ist für Alleinerziehende von größter Bedeutung, da sie eine Vielzahl von Aufgaben übernehmen müssen. Um berufliche Verpflichtungen, Hausarbeit und Zeit mit den Kindern in Einklang zu bringen, ist eine strategische Planung und Priorisierung erforderlich. Für Alleinerziehende kann es hilfreich sein, einen realistischen Zeitplan zu erstellen, der Zeit für Arbeit, Selbstfürsorge und engagierte Momente mit ihren Kindern vorsieht. Flexibilität und Anpassungsfähigkeit sind der Schlüssel, da unerwartete Herausforderungen auftreten können, die Anpassungen des Tagesablaufs erforderlich machen.

Co-Parenting-Vereinbarungen, bei denen sich beide Elternteile die Verantwortung teilen, obwohl sie getrennt leben, stellen eine weitere einzigartige Erziehungssituation dar. Während Co-Parenting das Potenzial für geteilte Betreuungsaufgaben bietet, ist eine effektive Kommunikation und Zusammenarbeit zwischen den Eltern von entscheidender Bedeutung. Das Festlegen klarer Grenzen, Erwartungen und ein konsequenter Erziehungsansatz tragen zu einem stabilen und unterstützenden Umfeld für Kinder bei. Co-Eltern sollten offene Kommunikation priorisieren, Flexibilität bewahren und das Wohlergehen des Kindes über persönliche Konflikte stellen.

Patchworkfamilien, die entstehen, wenn Eltern mit Kindern aus früheren Beziehungen zusammenkommen, stellen eine weitere Herausforderung dar. Die Dynamik der Verschmelzung verschiedener Familienstrukturen erfordert Sensibilität, Verständnis und Engagement für die Förderung eines harmonischen Umfelds. Kinder in Patchworkfamilien brauchen möglicherweise Zeit, um sich an neue Familienmitglieder und Rollen zu gewöhnen. Eine klare Kommunikation, die Etablierung gemeinsamer Werte und die Schaffung von Bindungsmöglichkeiten können zur erfolgreichen Integration von Familienmitgliedern in einem gemischten Umfeld beitragen.

Kinder mit besonderen Bedürfnissen erfordern spezielle Erziehungsansätze, und Eltern in diesen Situationen müssen sich mit einzigartigen Herausforderungen im Zusammenhang mit Gesundheitsversorgung, Bildung und emotionaler Unterstützung auseinandersetzen. Das Eintreten für die besonderen Bedürfnisse eines Kindes mit Behinderungen oder besonderen Bedürfnissen erfordert Belastbarkeit und das Engagement, den Zugang zu geeigneten Ressourcen und Unterkünften zu gewährleisten. Der Aufbau eines soliden Unterstützungsnetzwerks, das Fachleute, Selbsthilfegruppen und Pädagogen umfasst, kann entscheidend dazu beitragen, die Komplexität der Erziehung eines Kindes mit besonderen Bedürfnissen zu bewältigen.

Strategien zur Bewältigung besonderer Erziehungssituationen drehen sich um den Aufbau eines soliden Unterstützungsnetzwerks, den Zugang zu verfügbaren Ressourcen und die Priorisierung der Selbstfürsorge. Alleinerziehende können zum Beispiel davon profitieren, Hilfe von Familie und Freunden zu suchen, Ressourcen der Gemeinschaft zu nutzen und Selbsthilfegruppen zu erkunden, in denen sie sich mit anderen vernetzen können, die vor ähnlichen Herausforderungen stehen. Finanzielle Unterstützungsprogramme, Kinderbetreuungsdienste und pädagogische Unterstützung können ebenfalls einige der Belastungen durch Alleinerziehende verringern.

Effektive Kommunikation ist in jeder bestimmten Erziehungssituation unerlässlich. Unabhängig davon, ob sie getrennt sind oder eine Patchworkfamilie gründen, müssen Co-Eltern eine offene und ehrliche Kommunikation priorisieren, um die gemeinsame Verantwortung zu bewältigen und potenzielle Konflikte anzugehen. Für Familien, die mit besonderen Schwierigkeiten zu kämpfen haben, kann es besonders hilfreich sein, professionelle Hilfe in Anspruch zu nehmen, z. B. eine Familientherapie oder -beratung, die einen Rückzugsort bietet, um Probleme zu besprechen und produktive Kommunikationspläne zu erstellen.

Bildung und Empowerment spielen eine zentrale Rolle bei der Bewältigung besonderer Erziehungssituationen. Alleinerziehende, Co-Eltern und Menschen in Patchworkfamilien können von der Suche nach Informationen und Ressourcen profitieren, die auf ihre spezifischen Bedürfnisse zugeschnitten sind. Das Verständnis der gesetzlichen Rechte, der Zugang zu Ressourcen für Eltern und die Information über verfügbare Unterstützungsdienste tragen dazu bei, dass Eltern in der Lage sind, Herausforderungen effektiv zu meistern. Wenn Eltern mit Wissen und Fähigkeiten ausgestattet werden, können sie besser in der Lage sein, fundierte Entscheidungen zu treffen, die dem Wohl ihrer Kinder entsprechen.

Selbstfürsorge ist ein grundlegender Aspekt bei der Bewältigung besonderer Erziehungssituationen. Unabhängig davon, ob es darum geht, die Anforderungen von Alleinerziehenden, Co-Elternschaft oder der Erziehung von Kindern mit besonderen Bedürfnissen zu bewältigen, müssen Eltern ihr Wohlergehen in den Vordergrund stellen, um ihre Kinder effektiv zu unterstützen. Dazu gehört, dass Sie Auszeiten für die Freizeit einplanen, Hobbys nachgehen und bei Bedarf emotionale Unterstützung erhalten. Die Fähigkeit eines Elternteils, seine körperliche und geistige Gesundheit zu erhalten, wirkt sich direkt auf seine Fähigkeit aus, die einzigartigen Herausforderungen seiner Elternsituation zu meistern.

Flexibilität und Anpassungsfähigkeit sind für eine erfolgreiche Elternschaft in jeder einzigartigen Situation inhärent. Die Erkenntnis, dass Herausforderungen unerwartet auftreten können, ermöglicht es Eltern, ihre Rolle resilient anzugehen. Flexibilität in Bezug auf Erziehungsstile, Routinen und Erwartungen fördert ein Umfeld, in dem sowohl Eltern als auch Kinder die Komplexität ihrer Situation mit größerer Leichtigkeit bewältigen können. Die Fähigkeit, sich an veränderte Umstände anzupassen, trägt zu einem positiven und unterstützenden familiären Umfeld bei.

Zusammenfassend lässt sich sagen, dass die Bewältigung besonderer elterlicher Situationen eine Kombination aus Belastbarkeit, Einfallsreichtum und dem Engagement für die Förderung eines fürsorglichen Umfelds erfordert. Alleinerziehende, Co-Eltern und Menschen in Patchwork- oder Patchworkfamilien stehen vor besonderen Herausforderungen, die maßgeschneiderte Strategien und Unterstützung erfordern. Die Priorisierung einer effektiven Kommunikation, die Suche nach verfügbaren Ressourcen und die Akzeptanz von Flexibilität tragen dazu bei, diese einzigartige Erziehungsdynamik erfolgreich zu bewältigen. Die Befähigung von Eltern mit Wissen, der Aufbau starker Unterstützungsnetzwerke und die Priorisierung der Selbstfürsorge schaffen eine Grundlage für die Förderung positiver Eltern-Kind-Beziehungen, unabhängig von den spezifischen Herausforderungen, die sich aus den einzigartigen Umständen jeder Familie ergeben.

SCHLUSSFOLGERUNG

Zusammenfassend lässt sich sagen, dass "Calm Parenting: A Guide to Anger Management for Moms and Dads - Nurturing Harmony amid Parenthood" darauf abzielt, Eltern wertvolle Erkenntnisse und praktische Strategien an die Hand zu geben, um die Gelassenheit zu bewahren und eine harmonische Atmosphäre innerhalb der Familie zu fördern. Elternschaft ist zweifellos eine herausfordernde Reise, und das Buch erkennt die unvermeidlichen Stressfaktoren an, die Wut und Frustration auslösen können. Das E-Book befasst sich mit den Ursprüngen der elterlichen Empörung, untersucht ihre Auswirkungen auf die Eltern-Kind-Beziehung und bietet ein umfassendes Instrumentarium zur Bewältigung und Verhinderung von Wut und strebt danach, einen ganzheitlichen Ansatz für das emotionale Wohlbefinden von Eltern und Kindern zu bieten.

Während des gesamten E-Books werden die Leser ermutigt, die emotionalen Auslöser zu erkennen, die zu Wut beitragen, und zu verstehen, dass Selbsterkenntnis ein grundlegender Schritt in Richtung positiver Veränderung ist. Die Bedeutung von effektiver Kommunikation, Stressbewältigungstechniken und Achtsamkeit in der Elternschaft wird betont und bietet Eltern praktische Methoden, um die komplexen Emotionen zu bewältigen, die bei der Erziehung von Kindern auftreten.

Darüber hinaus unterstreicht das E-Book die Bedeutung der elterlichen Selbstfürsorge und erkennt an, dass die Aufrechterhaltung des emotionalen Gleichgewichts ein wesentlicher Bestandteil der Bereitstellung eines nährenden und unterstützenden Umfelds für Kinder ist. Indem das E-Book die Herausforderungen der Elternschaft mit Empathie, durchsetzungsfähiger Kommunikation und einem Fokus auf positive Verstärkung angeht, zielt es darauf ab, Eltern zu einem achtsameren und ruhigeren Umgang mit ihrer Rolle zu führen.

Während Eltern sich mit den Feinheiten der

Kindererziehung auseinandersetzen, ist das Buch ein Begleiter, der wertvolle Einblicke und umsetzbare Strategien bietet, um eine gesündere und harmonischere Familiendynamik zu fördern. Durch die Förderung von Verständnis, Empathie und effektiver Kommunikation strebt "Calm Parenting" danach, ein Umfeld zu schaffen, in dem sowohl Eltern als auch Kinder emotional gedeihen und dauerhafte Bindungen aufbauen können, die auf Vertrauen, Liebe und gegenseitigem Respekt basieren.

Vielen Dank, dass Sie unser Buch gekauft und gelesen/gehört haben. Wenn Sie dieses Buch nützlich/hilfreich fanden, nehmen Sie sich bitte ein paar Minuten Zeit und hinterlassen Sie eine Rezension auf der Plattform, auf der Sie unser Buch gekauft haben. Ihr Feedback ist uns sehr wichtig.